プログラミング的思考の第1歩 ～授業をフローチャート化してみよう～

向山洋一氏の超有名実践「口に二画加えて別の漢字をつくる」という授業のフローチャートである。実際には「尺、戸、巨、品」などの異質な意見が出てきた時の処理の仕方などが加わるため、もう少し複雑にはなる場合がある。しかし、基本的にはこのチャートの通りに授業を進行できたなら、たとえ新卒１年目の教師でも、あるいは教育実習の学生でさえも、教室の子供たちは熱中し、一時間中集中し、家で調べてくる子が続出するほど大成功の授業となる。

谷 和樹（玉川大学教職大学院教授）

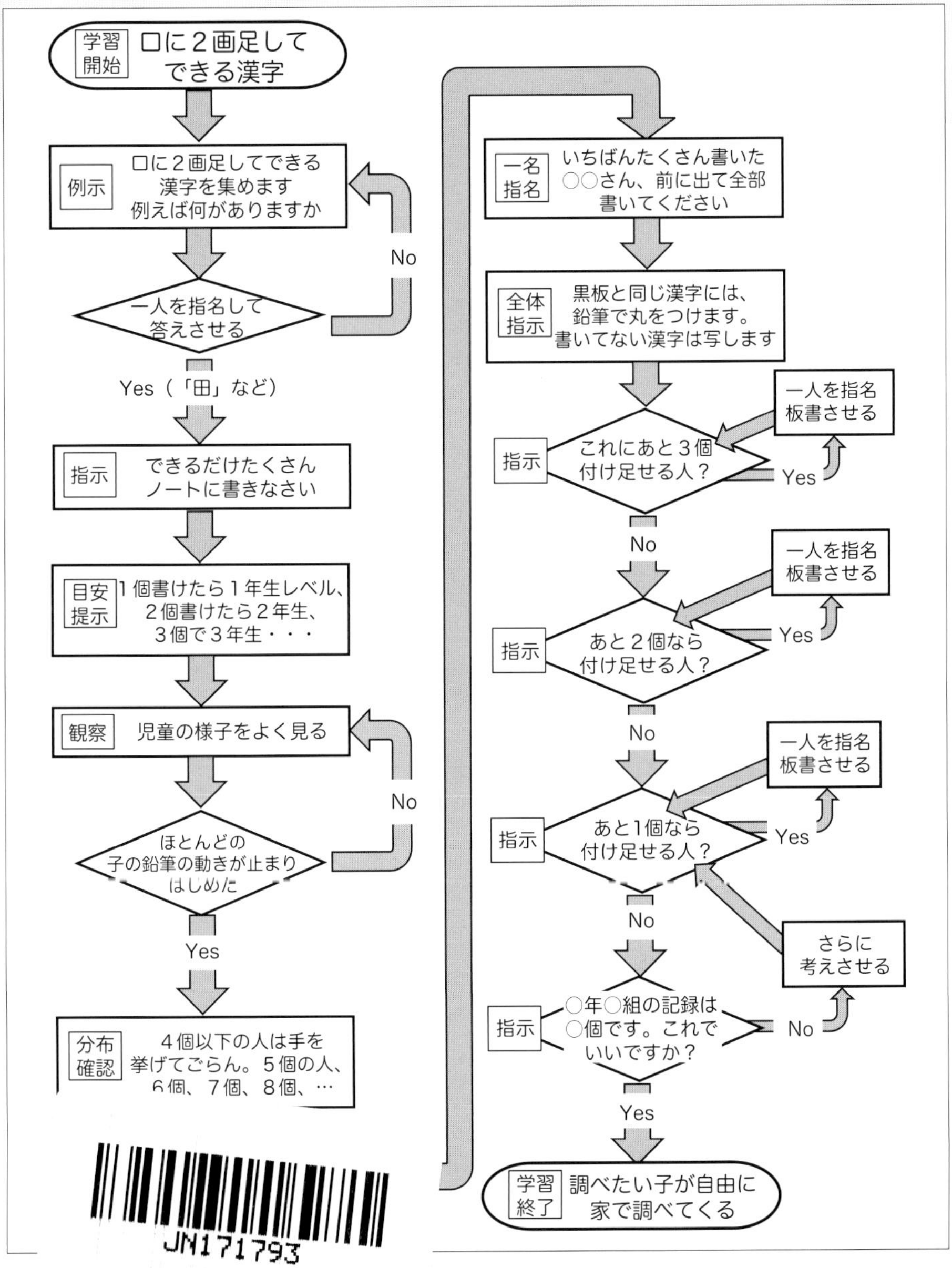
学習開始
口に２画足してできる漢字
例示
口に２画足してできる漢字を集めます
例えば何がありますか
一人を指名して答えさせる
No
Yes（「田」など）
指示
できるだけたくさんノートに書きなさい
目安提示
１個書けたら１年生レベル、２個書けたら２年生、３個で３年生・・・
観察
児童の様子をよく見る
ほとんどの子の鉛筆の動きが止まりはじめた
No
Yes
分布確認
４個以下の人は手を挙げてごらん。５個の人、６個、７個、８個、…
一名指名
いちばんたくさん書いた○○さん、前に出て全部書いてください
全体指示
黒板と同じ漢字には、鉛筆で丸をつけます。書いてない漢字は写します
指示
これにあと３個付け足せる人？
Yes
一人を指名板書させる
No
指示
あと２個なら付け足せる人？
Yes
一人を指名板書させる
No
指示
あと1個なら付け足せる人？
Yes
一人を指名板書させる
No
指示
○年○組の記録は○個です。これでいいですか？
No
さらに考えさせる
Yes
学習終了
調べたい子が自由に家で調べてくる

特集

「道徳教科書」活用
―考える道徳授業テーマ100

教室ツーウェイ
NEXT
vol.6

CONTENTS

カバーイラスト　井手本美紀
装丁・本文組版　エディプレッション（吉久隆志・古川美佐）

年齢で大きく変わる理由

「道徳の時間」の受け止め

新しい発見と実感のできる授業を

押谷由夫

道徳の授業がなぜ魅力がなくなるのか。先生方の指導内容の捉え方にあるように思えてならない。分からせると捉えれば、ほとんどが小学校の低学年の内容と関連していることから、学年が上がるにつれ、はじめから答えの分かった課題を追い求める授業ということになってしまう。

そうではなく、指導内容に関わって多様に考え、自分自身を見つめ、道徳的価値の捉え方や自分自身の生き方において、新しい発見や実感がもてるようにすると捉えると、授業は魅力的になる。「多様に考え、対話し、自己の生き方を深め、実践へとつなげていく」授業が求められる。

（武庫川女子大学教授）

芽生える「わざとらしさへの反発」

藤井千春

低学年の「道徳」授業は、絵本などの読み聞かせと似た雰囲気で行われる。動物たちが登場したり、劇にして役割演技してみたり、子どもたちには活動そのものが楽しく感じられる。「ためになる」というよりも、「楽しい」という感想であろう。

思春期には、「教師が決めていることを、いい子ぶって言いたくない」という感情が芽生える。また、各教科で本音を言わせないのに、そのような発言を求める「わざとらしさ」への反発もある。子どもたちは、教師が期待するほど単純ではない。「ためになる」という比率の低下は、大人への抵抗という思春期の心理の健全な表明である。

（早稲田大学教授）

道徳の時間を組織的に進める

藤平　敦

学習指導要領の内容項目では、小学校低学年に比べて、中学校では、内容がより詳細に記述されている。また、授業で、小学校低学年に比べて、繰り返し、その内容に触れてきた中学校では、多様な教材を活用した創意工夫が求められる。そこで、担任を中心としつつ、教員がローテーションを組んで行う授業も効果的である。例えば、「主として集団や社会との関わり」に関する項目については、社会科の教員を中心に、「主として生命や自然、崇高なものとの関わり」に関する項目は、理科や保健体育、又、芸術の教員が中心となって進めるなどである。

（国立教育政策研究所 総括研究官）

東京書籍「新しい道徳」

一般的な授業の流し方がつかめる教科書の典型例

村松孝一

1 自我関与が中心の学習

東京書籍の教科書は粗く分けて、三つの内容が含まれている。

1 自我関与が中心の授業
2 問題解決的な学習
3 体験的な学習

以下、順に分析する。

読み物教材のタイトルの横に価値項目に関する内容が提示されている。

> 全ての読み物教材のタイトルに、内容項目を子供に分かりやすい表現にした「学習のテーマ」を明示。道徳的価値に関する内容の提示（教師の話や発問を通して、本時に扱う道徳的価値へ方向付ける。）に対応しています。【東京書籍HPより引用】

「SL公園で」という教材の横には、「正しいと思うことは自信を持って」と学習テーマを明示している。これを見ることで、何を学べばいいのかがすぐにわかる。

先生自身もすぐに何を教えればいいのかがわかる。そして、子どもも見通しがつく。

> 全ての読み物教材に、中心発問となる設問と、自分との関わりで考えを深められる振り返りの設問を明示。
> ・登場人物への自我関与
> （教材を読んで、登場人物の判断や心情を類推することを通して、道徳的価値を自分との関わりで考える。）
> ・振り返り
> （本時の授業を振り返り、道徳的価値を自分との関係で捉えたり、それらを交流して自分の考えを深めたりする。）
> に対応しています。
> 【東京書籍HPより引用】

次に、読み物教材に中心発問と振り返りの発問が明示されている。

次のような発問が掲載されている。

「帰り道しんごはどんなことを考えていたでしょう。」「自分が正しいと考えたことをじっこうするためにはどのような心構えが大切でしょう。」

これがあることで、どのような流れで授業すればいいのか見通しがつく。逆にこの流れで授業したくないときはこれを扱わなければいい。

道徳をしない先生の言い訳として、教材研究をする時間がないという先生がいる。授業の準備ができていないのでまた今度にしようとなる。そうなると毎回道徳の授業をしてくれている先生としない先生のクラスで、子どもにつく力に偏りが出る。

2 問題解決的な学習

> 問題解決的な学習に対応した教材「問題を見つけて考える」では、必ず導入のとびらページを掲載。問題の発見や道徳的価値の想起などに対応しています。【東京書籍HPより引用】

とびらのページに「もんだいを見つけて考える『よい友だちってどんな友だち?』」とある。これがあることでどのように問題解決をしたらいいのかがわかる。

問題解決に向けて、「考えるステップ」があり、話し合いを進めるとある。しかし、全国のほとんどのクラスで話し合いと言っても教師と子どもの一対一になっている場合がほとんどなのである。子どもと子どもをつなぐ方法を教師自身が持っていないとただ解決策を出すだけの学習になる。

3 道徳的行為に関する体験的な学習

> 「問題を見つけて考える」の教材末尾には「考えるステップ」を設けて、学習過程に沿った話し合いをしながら考えを深めていきます。【東京書籍HPより引用】

> 学年冒頭のオリエンテーションページ「道徳の時間が始まるよ!」で、学習場面の例として役割演技の場面などを掲載。

体験的な学習について次のような形式もある。

> 問題場面の役割演技や道徳的行為に関する体験的な活動の実施などに対応しています。【東京書籍HPより引用】

役割演技も子どもが真剣にすれば力がつく。学級で照れ臭くイヤイヤしているようでは意味がない。

> 教材の中には、劇の台本のような形式で、葛藤場面について考えるものもあります。道徳的な問題場面の把握や考察などに対応しています。【東京書籍HPより引用】

「教師が子どもとの信頼関係を築けている」また、「子ども同士の親和的な関係を作る」この2点ができてないとしらけた体験的な学習となる。

4 道徳教科書を活用した「道徳・集合知の授業」道徳教科書＋αの活用を提案

> ・たった一人のお客さんの前で手品を演じているときの手品師の気持ちを書いて、話し合ってみましょう。
>
> ・あなたはそうしたほうがいいと思ったことを行動に移せたことはありますか。
>
> 【東京書籍「新しい道徳」6年】

東京書籍「新しい道徳」では、「手品師」の授業は、以下のような流れになっている。

これだけでは、授業ができない。そのため、導入の発問や中心発問までの補助発問なども必要になってくる。

教科書を活用した基本的な流れはこれである。

①「人生で最も迷ったのはどんな時ですか。」

②「友人からの誘いを断るまでの間手品師はどんなことを考えていたでしょう。」

③「中心発問・たった一人のお客さんの前で手品を演じているときの手品師の気持ちを書いて、話し合ってみましょう。」

④「振り返りの発問・あなたはそうしたほうがいいと思ったことを行動に移せたことはありますか。」

一般的な「導入→展開前段→展開後段→終末」の流れである。これで、ある程度は授業が流れていく。

この方法以外にも様々な方法がある。「主体的・対話的で深い学び」を実現する必要もある。

一つが「道徳・集合知の授業」である。

この授業をすることで、子どもが主体的に自分で考えを書き、自分たちの考えに質問をしあう。そして、感想の中に、話し合ったことや、自分だったらという視点で学んだことを書く。

河田孝文著、向山洋一監修『子どものこころをわしづかみにする「教科としての道徳授業」の創り方』学芸みらい社、2013年8月1日、P99に「道徳集合知の授業」の実践が掲載されている。

以下のような流れである。

①副読本を読み聞かせる。
②登場人物、話のあらすじを確認する。
③考えたこと、思ったことをノートに箇条書きにする。

④書いたものを板書する。
⑤意見交換（考えを広げる）。
⑥中心発問（議論するテーマ）で話し合いをする（考えを深める）。
⑦話し合い後の自分の考えを書く（友達の意見をふまえて書く）。
⑧自分の考えのタイトルを短く書く。

この流れで「手品師」の授業を行った。

子どもが板書したことに対して子ども同士で質疑応答をし、考えを深めていく。

「Q：チャンスを捨ててでも、なぜ演技をしたのですか？」

「A：自分が決めたことだからです。」

という内容が続いていく。

意見が分かれると討論を始める。例えば「男の子をなぜ優先したのですか。」という質問が子どもから出る。価値に迫るためには重要な質問だったので、私が、それを取り上げて、中心発問として、自分の考えを書かせてから討論を始める。そして、最後に感想を書く。次のような感想を書いていた。

「ぼくは、手品師のように小さな約束でも守り、そして、夢を叶えたいです。ぼくは、手品師への夢と約束を選べと言われても、答えが出ないと思うのに、答えを出した手品師がすごいと思いました。」

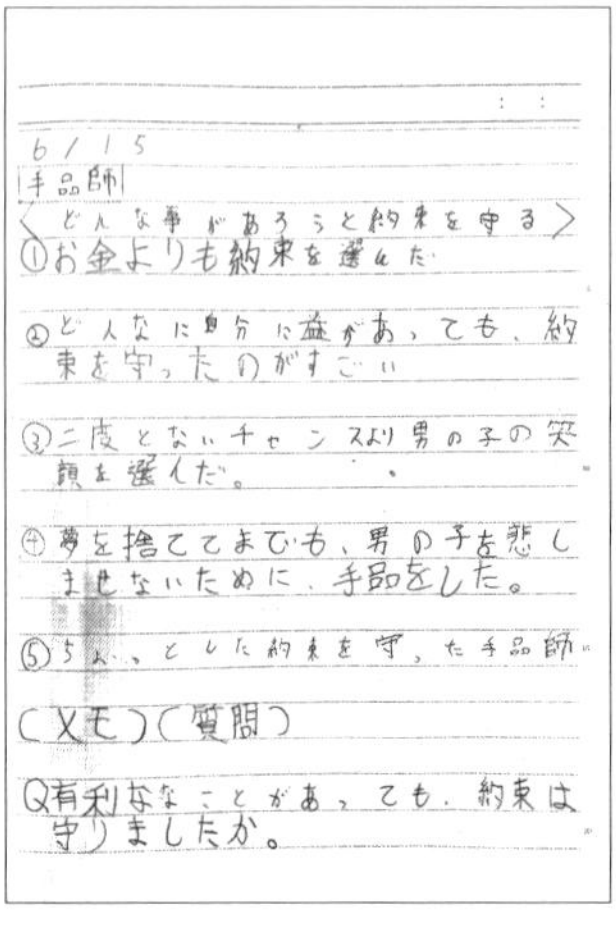

教科書の発問に沿って授業するだけでなく、「道徳・集合知の授業」のように子ども同士の対話を中心とした授業にすることで、道徳の学びがより深くなっていく。

〈参考文献〉

『子どもの心をわしづかみにする「教科としての道徳授業」の創り方』（2013／8／1）河田孝文（著）、向山洋一（監修）【学芸みらい社】

（大阪府・公立小学校）

学校図書「かがやけ　みらい」

評価につなげる「別冊ノート」利活用提案あり

岡　拓真

1　道徳学習指導要領改正の要点

平成28年12月の答申において、従来の道徳の授業の問題点として、次の点が上げられている。

①歴史的経緯に影響され、いまだに道徳教育そのものを忌避しがちな風潮がある。
②発達段階を踏まえた内容や指導方法となっていない。
③主題やねらいの設定が不十分な単なる生活経験の話合いや読み物の登場人物の心情の読み取りに偏った形式的な指導が行われている。

では、従来型とはどのようなものか。

①自分の経験を思い出し、
②資料（副読本）を読む。
③登場人物の気持ちを想像し、
④どうしたら良いか話し合う。
そして最後に、⑤教師の説話を聞く。

答申では、従来型の授業の課題に対応するために、「考え、議論する」道徳へと、授業の質的転換を求めている。そして、「考え、議論する道徳」とは、「自己の（人間としての）生き方について考えること」だとしている。

このような、従来型授業の課題と、「考え、議論する道徳」への質的転換という視点から、「教科書」が作成されている。

2　別冊ノートをいかに使うか

本稿では、学校図書の教科書、「かがやけみらい」について見ていく。

学校図書の道徳教科書の特徴は、教科書が「読みもの」と「活動」の2冊に分かれている点である。

HPによると、「読みもの」は、「人間の行動や気持ちに共感したり、自分との関わりを考えたりする」もの。「活動」は、「考え、議論し、自らを見つめ直し、成長や学びの深まりを記録する」ものとされている。

教師は「読みもの」で扱う文章に触れさせ、その上で「活動」の中に示された、発問や指示に従って授業を進めていくことになる。

「活動」は、ねらいに即した中心発問である「かんがえよう」と、自らを振り返る発問（後段の発問）である「みつめよう」の二つの発問で、そのまま授業ができるように構成されている。

「かんがえよう」は、登場人物の気持ちや考えを問う発問が多く、「みつめよう」では、自分自身のことについて考えさせる発問や指示などである。

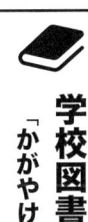

その他、「オープンエンドで、より多面的・多角的な言語活動が可能な発問（ＨＰより）」には、「アクティブ」のマークがある。これが付いている発問には、「はなしあおう」「かいてみよう」「やってみよう」の具体的な三つの指示があり、「問題解決的な学習」、「体験的な学習」などにより、対話を通して学習を深めようとするねらいがある。

別冊ノートは、内容項目ごとに見開き1ページになっている。授業1時間で扱う部分は4分の1ページであり、2〜3時間分で4分の3、残り4分の1は、「特設ページ」である。「特設ページ」は、導入で書き込むものや、終末で読み聞かせるコラムなどになっている。

内容項目ごとに、書き込むページが同じであるため、その内容の授業が2回目、3回目と進む中で、記録した自分の考えなどの変化を振り返ることができるようになっている。

教科書が本誌と別冊ノートの2冊に分かれているのは、学校図書、あかつき、日本文京出版の3社である。

これらを比較すると、学校図書の別冊ノートは、他の2社に比べ、文章を書き込む欄が圧倒的に少ないと感じた。その代わり、ワークシートを貼り付けるスペースがあり、教師が自作のワークシートを用いて授業する場合、それを別冊ノートに蓄積できるようになっている（とは言え、スペースはかなり小さい）。

学校図書の場合、別冊ノートの「かんがえてみよう」については、1、2行の短い文章なら、そのまま余白に書き込むことはできる。

しかし、授業全体の感想を書かせようとした場合、書く欄は十分ではない。これは、別冊ノートがある各社とも同じである。

3 活用のポイント

学校図書の別冊ノートは、内容項目ごとに見開き2ページになっている。そのため、その内容項目の最後の授業で、例えば次のような振り返りができる（内容項目が、「勤労・公共の精神」の場合の例）。

> これまでの授業を振り返って、自分ができるようになったことや、今していることはありますか。
> 箇条書きでできるだけたくさん書きなさい。

教科としての道徳では、数値による評価ではなく、記述式の個人内評価が基本となる。そのため、個人によって書かれた文章記述を評価の資料とすることが、より多くなると考えられる。

よって、別冊ノートのほかに、このような文章の記録を残せれば、評価に役立てることができる。

4 TOSSノートの活用

中学校の実践であるが、私の場合、道徳のノートとして、ＴＯＳＳノートを使用している。

ＴＯＳＳノートは、見開き1ページを使う。左側は、発問に対する自分の考えや、友人の考え、授業の核となるキーワードを書き込む。そして、左側に書かれた内容を手がかりにして、右側のページに授業の感想が書けるようにしている。

道徳ノートに書かれた感想には、教師が

コメントを書く。道徳の授業が5時間目に設定されている時など、ノートを回収する時間が無い場合、同じ様式でA4コピー用紙に書かせることもある。

5 考え、議論する場としての感想交流

授業の終末は、感想の「指名なし発表」を行う。

TOSSランドには、全国の先生によって実践され、心に響く力のある教材を用いた授業実践が数多く掲載されている。これらを追試すると、授業の残りの時間、教室は静まり、感想を書く鉛筆の音だけが響く。

感想を書いている間に、教師は感想を見取り、発表させる順番を決めていく。

私の場合、指名なし発表を行う。大まかな手順は次の通りである。

> ①書いてあることを発表します。
> 自信のない人からどうぞ。
> （発表が出ない時は、最初の数名を指名して発表させる）
> ②発表する人は、前の人が発表している時に立って待ちます。

> ③また、級友の発表で、なるほどと思った考えをノートにメモしなさい。

そして、感想の発表が途切れた時点で、

> ④友達の感想を聞いて、質問や意見があれば発表します。

と指示する。

もちろん、指名なし発表ができるようになるまでは、学級内の人間関係や、どんな発言でも受け入れる温かい雰囲気、一人一人の発言への耐性などが高まっている必要がある。

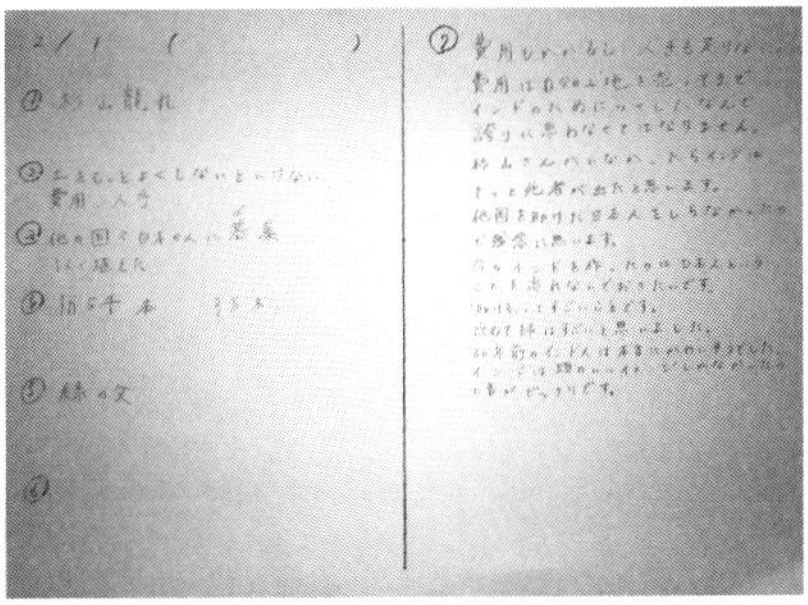

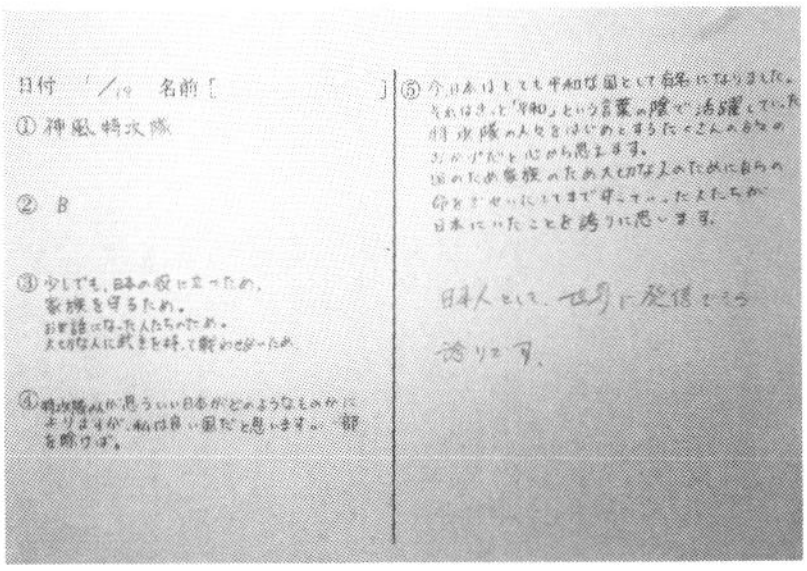

6 教師の説話

授業時間が余った場合、『中学生にジーンと響く道徳話100選―道徳力を引き出す〝名言逸話〟活用授業―』（長谷川博之編著・学芸みらい社）から、扱った題材に関するものを選び、「語り」を行う。

現在、この本の小学校版が編集中である。道徳の授業以外にも、隙間の時間、全校集会、各種の通信（お便り）に活用できる語りが満載である。発刊が待たれる。

〈参考文献〉
・向山洋一監修『授業の新法則化シリーズ「道徳」授業の新法則』学芸みらい社
〈引用URL〉
・学校図書株式会社ホームページ https://www.gakuto.co.jp/h30/dotoku/pdf/h30jyundoutoku_naiyoukaisetsu.pdf

（宮城県石巻市・湊中学校）

光村図書
「きみが　いちばん　ひかるとき」

道徳教育の充実のためには発問・コンテンツの共有が必要だ

渡辺大祐

1　光村図書　道徳教科書の概要

①基本方針

光村図書の道徳教科書の編集の基本方針は、ホームページによると、

A　考えたくなる

子どもたちが、自然に教材の中に入り込む。一人一人が思わず自分を重ねながら考えることができる教科書。

B　語り合いたくなる

自ら思いや考えを伝えたくなる、みんなの考えも知りたくなる。そんな授業を支援する教科書。

C　動きだしたくなる

一人一人が成長し、自らの力を信じ、みんなと力を合わせて動きだしたくなる教科書。

となっている（ＡＢＣは渡辺が書き込んだ）。

②基本方針実現のために用意されたもの

この方針を実現させるため、Ａについては、

ア「心を捉え、自分と向き合うことを促す、読み物教材」
イ「子どもの感性に訴える、漫画や絵本仕立ての教材」

といった教材が用意された。

Ｂについては、

ア　無理なく、協働的な授業の流れをつくる「学習のてびき」
イ　問題解決的な問いかけ
ウ　体験的な学習を促す問いかけ
エ　一人一人の考え方を引き出す工夫

という工夫がされている。

Ｃについては、

ア　動きだしたくなる教材・コラム
イ　授業や自分を振り返るための「学びの記録」

が用意されている。

また、このほか、

ア教材の配列の工夫、イ年間に五回の読み物とコラムの組み合わせ、ウ「内容項目の配列」の工夫、エ道徳の内容が、自分と実際の世界とをどのようにつないでいるのかを見渡せるページの設置、オ巻末の全教材の内容項目や主題等が確認できる一覧の表示、といった工夫がされている。

2 ＋αの活用の提案

考えたくなり、語り合いたくなり、そして動きだしたくなるためには、そのための発問と組み立てが必要だ。

例えば、光村図書一年生の教科書に「きんのおの」の教材が載っている。また教材の最後に、発問として次のものが載っている。

・かみさまは、どうしてはじめのきこりをほめたのでしょう。
・どんなとき、うそをついてしまうのでしょう。
・しょうじきにはなしたあとは、どんなきもちになるとおもいますか。

右記の発問も子どもたちの考え、語り合い等を引っ張り出すのかもしれないが、より子どもたちを引きつける発問がある。

それは、子どもたちにとってリアリティのある発問だ。

またその発問を考えさせるまでに、子どもたちを授業に引きつけるための組み立てが必要である。

玉川大学の谷和樹氏の講演の中で、読み物教材を使った道徳の授業の組み立て方について、私は次のものを学んだ（渡辺が学んだことであり、谷和樹氏の話した内容とは異なる点があるかもしれない）。

ア　読み物教材を読む
イ　作品の主題を問う
ウ　体験を想起させる
エ　具体的場面の対応を考えさせる
オ　感想を書かせる

という組み立てである。

例えば、「きんのおの」であれば、次のように授業を行う。

ア　「きんのおの」を読み聞かせる

子どもたちの中には、すらすら読めない子どももいる。音読の練習が目的ではないので、基本的には教師が読み聞かせをする。

イ　作品の主題を問う

この資料は何が言いたいのですか。

と問うて、作品の主題を問う。「うそをついてはいけない」「正直なことが大切」といったことが出てくる。

ウ　体験を想起させる

そうですよね。「うそをついてはいけない」ということです。では、みなさんはうそをついた経験はありませんか。

と問うて、うそをついた体験をノートに書かせ、発表させていく。様々な体験が発表される。

エ　具体的場面の対応を考えさせる

続いて、うそに関わる具体的場面を取り上げ、どのように対応するかを問う。私が教えた中学生では、次の発問をした。

「学校のトイレに行ったら、友だちが携帯で遊んでいた。あなたならどうしますか」

1　先生に言う
2　黙っている

いずれかを選択させ、理由を書かせた。

そのあと、隣同士相談させた上で、討論を行った。子どもたちは次々と発言をした。非常に盛り上がる討論になった。

主題を問う発問で、簡単にどんな話なのかをまとめ、体験を想起させる発問で子どもたちの心をほぐしたうえで、討論につなげていくという組み立てが、子どもたちにとって発表しやすい雰囲気をつくり出していたと感じた。

オ　感想を書かせる

最後に感想を書かせる。このときは、残り時間が数分だったため、「誰の意見がよかったか」を問うて書かせていた。

生徒は「亮太さんの『授業中にスマホを持っていることを示させるような行動をする』がいいと思った。なぜなら、誰かに言われてしまえば、どうしようもなくなり、スマホを使っていたことを否定できなくなるから」という文章を書いていた。発表をさせると、褒められた生徒が嬉しそうに笑顔を見せていたのを覚えている。

3　その他

上記のように、

ア　読み物教材を読む
イ　作品の主題を問う
ウ　体験を想起させる
エ　具体的場面の対応を考えさせる
オ　感想を書かせる

を使うと、道徳教科書に＋αの活用ができる。

例えば谷和樹氏は、『道徳の難問・良問テーマ50＝1問選択システム』（明治図書）という本を出している。この本を見ると、どのようなテーマで、どのような発問をすればよいのか、を知ることができる。そしてそれを学年に合わせた発問に変えていけばよい。

（山梨県西八代郡市川三郷町・三珠中学校）

教育出版「はばたこう明日へ」

シンプルかつ、「先人・伝統」重視の教科書
指導法を工夫し、日本人のアイデンティティを確立させる

清田直紀

1 数値で他社と比較する

小学校道徳の教科書会社8社のうち、教育出版の教科書だけに見られる特徴がある（小学校6年生教科書で比較）。

1 授業時数（35時間）と同じ教材数

他社の教科書は道徳の授業時間「35時間分＋α」の資料が掲載されている。教育出版だけが、読み物や書き込み式のページを合計して35時間分ちょうどである（全学年共通）。

2 一番ページ数が少ない

8社中、教育出版は154ページで最少。他社では、194ページが2社。さらに、別冊を含め200ページを超えるのが4社。教育出版の「シンプルさ」が浮かび上がる。

3 「先人の伝記」題材が一番多い

「先人」として取り上げられている人物は次の通り。

①松下幸之助
②和田勇
③勝海舟・西郷隆盛
④杉原千畝
⑤新渡戸稲造
⑥奥村土牛
⑦野口英世
⑧棟方志功
⑨中谷宇吉郎
⑩羽生善治・村山聖
⑪石橋正二郎

他社の題材数は次のとおり。

・東京書籍…3　・光文書院…5
・学校図書…10　・学研……7
・光村図書…7　・廣済堂……7
・日本文教…6

4 「伝統と文化」関連題材が一番多い

「伝統と文化」として取り上げられている題材名は次のとおり。

①米百俵
②百一才の富士
③礼ぎ作法と茶道
④おもてなしの心
⑤西陣織を受けつぐ
⑥アイヌのほこり

他社の題材数は次のとおり。

・東京書籍…2　・光文書院…4
・学校図書…3　・学研……3
・光村図書…2　・廣済堂……3
・日本文教…3

2 他社との比較からわかる特徴

1からわかること
↓シンプル＋「安心感と物足りなさ」

教材数＝授業時数（35時間）なので、初任

者や若手教師には「教科書どおり」に進めればよいという安心感がある。しかし、道徳の授業に工夫を加えたいと考えている教師には物足りなさが感じられる。

2〜4からわかること
↓「先人の伝記、伝統と文化」の重視

教科書のページ数が一番少ない教育出版。それにもかかわらず、先人・伝統と文化を多く取り上げている。

このことからわかるのは、「先人から生き方を学ぶ」というねらいと、伝統・文化を尊重する姿勢だ。変化の激しい世の中、グローバル化が進む国際社会。その中で生き抜く強さと知恵、日本・日本人のアイデンティティの確立をねらったものと考えられる。

3　活用のポイント

教材の最後に「学習の手引き」が設定されている。「学習の手引き」とは、

その題材について考えるべき「課題」と「発問」・「指示」を示したもの

である。「学習の手引き」について、次の作業を行い、活用のポイントを二つ記した。

1　すべての「学習の手引き」を分類
2　分類から「学習の手引き」を分析
3　教科書活用のポイントを明らかにする。

1　すべての「学習の手引き」を分類

「学習の手引き」には、合計１０１個の発問・指示などがある。九つに分類した。

①「気持ち」を問う発問・指示
②自分の意見・考えを持たせる発問・指示
③「理由」を考えさせる発問・指示
④必要な情報を読み取らせる発問・指示
⑤「話し合い」の指示
⑥自分の意見を「発表」する指示
⑦「あなたが〜だったら…」を考える発問
⑧「どのように感じますか」という発問
⑨「演じてみよう」という指示

①〜⑨の割合は次のとおり。

①　27％　④　15％　⑦　1％
②　19％　⑤　14％　⑧　2％
③　16％　⑥　4％　⑨　3％

2　分類から「学習の手引き」を分析

分類した発問・指示を分析する。

分析1　「心情理解」偏重の傾向が、いまだにある

全「発問・指示など」のうち27％が「気持ち」を問う、つまり「心情理解」に関するものだった。

読み物題材が合計29あるが、そのうちの19に「気持ち」を問う発問等が設定されている。文部科学省の方針である「心情理解に偏らない」という方向性と一致したものとは言い難い。

分析2　「考える」発問・指示は多い

道徳授業の新しい在り方「考え、議論する道徳授業」。これに沿う「考える」発問などは多かった。「考える」発問は②・③・⑦。**三つ合わせた割合は36％。**「気持ち」

を問うものよりも多い。

分析3 「話し合う」指示は少ない

「考え、議論する道徳授業」が言われている。しかし、「議論」という語はない。さらに、「話し合う」指示も14%のみ。

分析1〜3から、特徴を次のようにまとめた。

「心情理解」から脱却しきれていない。「考える」発問が多くあるが、「話し合う」という指示は少ない。

この特徴をふまえ、活用のポイントを書く。

3 教科書活用のポイントを明らかにする。

ポイントを二つあげる。

ポイント1
具体的な「発問・指示」にする

「学習の手引き」の中には発問と指示が一文に複数入っている文章がある。子どもが何をすればいいのかわからないおそれがある。例をあげる。

『和田勇が東京オリンピック招ちのために頑張れた理由について、みんなの意見を聞きながら話し合ってみよう』（62ページ）

この一文を次のように細分化する。

『和田勇が東京オリンピック招ちのために頑張れた理由について…みんなの意見を聞きながら話し合ってみよう』

↓

発問① 和田勇が頑張れた理由は何でしょう。
指示① 理由を考えてノートに書きなさい。

↓

指示② 理由を書いた人は立って発表します。
指示③ 質問や意見があれば発表します。

このような、具体的な「発問・指示」が必要だ。

ポイント2
「話し合い」「討論」を意図的に組み込む

「話し合い」「討論」には前提条件がある。

子ども全員が自分の考え・意見を持っている

ことだ。「話し合いなさい」では子どもは動けない。

「自分の考え・意見を持ち、人の発言に耳を傾け、その内容について再び考え、自分の考えを深める。」という活動を教師が意図的にさせる

のだ。教師の指導法の工夫が必要である。

（神奈川県横須賀市・衣笠中学校）

光文書院
「ゆたかな心」

初任者でもすぐにできる道徳の授業「先人の生き方を学ぶ道徳授業」と「考え議論する道徳」の両立

吉原尚寛

1 新旧道徳比較

旧道徳の問題点として三つ挙げられる。H28・8・16考える道徳への転換に向けたWG資料より吉原が抜粋。

「現実問題に対応できない」

「登場人物の心情の読み取りに偏った授業」「他教科よりも評価が軽視されがち」

これらの課題をクリアするための授業とはどのような授業なのか。

玉川大学教授の谷和樹氏は、これまでの道徳授業の問題点を踏まえ、「考え、議論する道徳」のためのポイントを次のように述べている。

> リアルな世界でどのようなオプションがあるのか。できるだけたくさん挙げる。

つまり、登場人物の心情を問うのではなく、いくつもの考えが生まれ、多様な価値観の中で授業を展開していく必要がある。

そして、今回の改訂で新しく道徳の教科書が使われることになる。各教科書会社の資料をどのように活用するのかも重要となる。

2 教科書会社HPの活用

道徳教科書作成にあたり、各教科書会社でも様々な工夫が見られる。以下、光文書院のHPから教科書会社の売りを吉原が抜粋したものが次の8点である。

1 PC・タブレット、デジタル教科書
2 道徳動画解説
3 板書、アニメーション
4 挿し絵、写真データ
5 教科書関連動画
6 朗読
7 合理的配慮（総ふりがな）
8 デジタル版ワークシート

特に、すぐに授業で活用できそうなのが4、5、6である。最初の資料の読み聞かせは絶対に教師が行った方が良い。子どもに音読させると内容の理解も深まらず、その後の授業展開が停滞する危険もある。「6」の朗読音声をHPから再生することで教師が読むよりも分かりやすく子どもたちに資料を提示できる。

また、「4」の挿し絵、写真データを視覚資料としてそのまま投影することで、子どもたちの内部情報を増やすことができる。

そして、授業のまとめや山場で「5」の教科書関連動画を活用し、その資料に登場する人物の動画を見ることで、さらに考えが深まる。

光文書院「ゆたかな心」5年生の教科書には「帰ってきたはやぶさ」という資料が

ある。この教科書を使って、これまでの道徳を行うと次のような【流れ】になる。

1　今までに困難にあった経験を聞く
2　教師の範読
3　はやぶさが故障した時の國中教授の気持ちを考えよう
4　國中教授の生き方から学んだことをまとめよう
5　新しいものを求めて、未来を創ってきた人達について調べ、話し合ってみよう。

この【流れ】で授業すると、子どもたちの中には次のように考える子が出てくる。

「どうせ俺には無理だ」「発明家になんてなれない」という、まさに谷先生が指摘した通りのリアリティがない授業になってしまいがちである。そこで、今回登場する人物だけではなく、これまでの偉人が歩んできたエピソードを語ると効果的である。

> 偉大な発明家エジソンは小学校すら卒業していない。自分の興味のあることに没頭し、1000回以上も実験をして白熱電球の研究をした。そして、この偉大な研究も実は今みんなが勉強している理科の勉強が活かされている。

こうした語りを授業の中に入れながら、大きく従来の【流れ】を変えた授業の組み立てが必要となる。

3　河田式道徳授業

山口県の河田好文氏の道徳授業は以下の【流れ】で行われる。

1　資料の読み聞かせ
2　ノートに考えたこと思ったことを書く
3　ノートの要約または抜粋を黒板に書く
4　黒板（板書）を読む
5　意見交換
6　考えをノートに書く

とてもシンプルな授業の組み立てである。生徒の活動が中心になっているため、自分のこととして考えることができる。そして、この中で、授業の肝となるのは意見が二分するような発問である。今回紹介した「帰ってきたはやぶさ」では、意見を二分するような「議論する」授業は難しい。その場合は、次のような資料を使って授業を行う。

4　討論に向けた資料

【資料1】※1

ヨーロッパで一人の婦人がたいへん重い病気のために死にかけていました。その病気は特殊な病気でしたが、彼女が助かるかもしれないある薬があり、それはおなじ町の薬屋が最近発見したラジウムの一種でした。その薬の製造費は高かったのですが、薬屋はその薬を製造するのに要した費用の10倍の値段をつけていました。薬屋はラジウムに200ドル払い、わずか一服分の薬に2000ドルの値段をつけたのです。

病気の婦人の夫であるハインツはあらゆる知人にお金を借りに行きましたが、薬の値の半分の1000ドルしかお金を集めることができませんでした。かれは薬屋に妻が死にかけていることを話し、薬をもっと安くしてくれるか、でなければ後払いにしてくれるよう頼みました。しかし薬屋は「だめだ、私がその薬を発見したんだし、それで金儲けをするつもりだからね」と言うのです。ハインツは思いつめ、妻のために薬を盗みに薬局に押し入りました。【資料終わり】

> 発問　あなたが夫だったら、どのような行動をしますか？

ここで注意したいのは、夫の行動を善悪というものさしで討論することである。まずは、どのような行動が考えられるかを話し合うことで、善悪だけではかれないような意見も出てくる。以下、授業をした時に出てきた意見である。

「街中で募金をつのる」「持っている物を売る」「売ってくれたら、（後払いで）2500ドル支払うと交渉する」「お店でタダ働きをすると申し出る」「家など持てるものをすべて売却し、お金を稼ぐ」「臓器を売る」「親戚に頼る」「治ったという事実ができれば今後もっと稼げる。妻を実験体にしてくれという」「残された時間を家族で幸せに生きる」

思いつきで、様々な意見を言うことが良いことではない。しかし、こうした多面的な意見が多く出るような道徳の授業こそ「考え・議論する道徳」の出発点である。そして、この後に夫の行動を議論すると内容がさらに深まっていく。

発問　夫の行動は正しかったのか間違っていたのか。

指示　正しいと考える人はノートに○を、間違っていたという人は×を書きます。書けた人は理由も書きます。

この指示で生徒は真剣にこの問題を考えるようになる。討論を活性化するポイントは、生徒全員のノートを持って来させて（ノートチェック）意見を認め、それを発表させる。さらに、理由も板書させると良い。黒板の上に20個程度の点を打ち、そこに理由を書かせる。長い文章を書いてきた生徒は、部分的に書くよう指示しておく。

討論を始める前に、意見を発表すること、友達の意見に対しての反論をすることの価値を語っておくと、さらに討論が活性化する。

討論というのは、相手の意見をやっつけることではありません。お互いの意見をぶつけ合うことで、新しい考え方にたどり着くこともあります。特に、道徳の授業では正解はほとんどありません。だからこそ、自分の考え方を深め、広げるために討論を行うのです。みなさんどんどん発表し、反論し、意見を言い合いましょう。

討論の中では、夫の視点からの○×、妻の視点からの○×、法的な○×、薬屋からの○×、善悪としての○×という様々な視点で討論することができる。

6　これからの道徳授業が目指すもの

向山洋一氏はTOSS道徳「生き方の五原則」を提唱している。

1　相手のことを心から考えよう
2　弱いものをかばおう（弱いものいじめをしない）
3　世のため人のためになることをしよう
4　まず自分にできることをしよう
5　先人に学ぼう

今回は、教科書を使った「5」の授業を紹介した。道徳の授業にも様々な形態がある。ねらいとする価値項目を生徒が考え、理解し、そこから討論へと繋がっていく授業を目指していきたい。

※1マイケル・サンデル『これからの正義の話をしよう』

（千葉県銚子市・第五中学校）

学研教育みらい「みんなの道徳」

「主体的、対話的で、深い学び」の実現のために必要なこと教科書の活用方法

田代勝巳

1 「みんなの道徳」の特徴

学研教育みらい社の道徳教科書の特徴として以下の点が挙げられる。

①児童の書き込み欄がある。

今回の指導要領の改訂で、「特別の教科道徳」(道徳科)では、評価を行うことになった。指導要領には「児童の学習状況や道徳性に係る成長の様子を継続的に把握し、指導に生かすよう努める必要がある」と述べられている。このため道徳の授業において、児童の記述(記録)を残しておくことが必要となった。そのため各社とも、教科書に児童の記述欄を設けている。大別すると教科書に記述するものと、別冊ノートがついているものとがあり、学研では前者を採用している。また、それで足りない場合は、指導書にワークシートがついており、それを活用することもできるようになっている。

②四領域を「私のこと」「社会と私」「あなたと私」「命や自然と私」として分類している。教材の各タイトル上部にそれがインデックスとして表示されている。

また、主題名を本文のタイトルとは切り離し、本文前に表示しないことで、特定の価値観をあらかじめ押しつけないような配慮をしている。学研の「内容解説資料」によれば、「子どもが自ら課題を見つける力を重視」するためとのことである。

③四種類の「学び方」のページ(「深めよう」「やってみよう」「広げよう」「つなげよう」)を設け、多様な学習活動が行えるようになっている。例えば、四年生の「深めよう」では、十回目のテストでまちがっていたのに百点だった主人公の話から、自分の考えを深めるためのページがある。二年生の「やってみよう」では登場人物になりきって演技をして感じたことを話し合うページ。六年生の「つなげよう」では、登場人物と同じような生き方をした人について調べたり、「広げよう」では、青年海外協力隊の活動を例に考えたりするページがある。

④読み物資料のあとに何を考えるべきかを「考えよう」として設け、常に箇条書きで二項目を挙げている。例えば、六年生「ラッシュアワーの惨劇」では、「ⅰ線路に飛び降りた二人の心にあったのは、どんな思いでしょう。」「ⅱ『勇気の碑』の文章を読んで、どんなことを考えましたか。」の二項目が挙げられている。

⑤多様な教材を用意している。例えば、イラストから問いを考える教材、「お母さんの請求書」「青の洞門」などの長く活用されてきた教材、錦織圭・羽生結弦・ラグビー日本代表など様々な分野の「今」を生きる人物を扱った教材、新渡戸稲造・宮沢賢治

などの「先人」を扱った教材、その他、詩、写真、いじめ問題に対応した教材などがある。また情報モラルや食育・消費者教育・伝統文化教育・ＥＳＤなどの現代的な課題を扱った教材も用意されている。

⑥各学年の重点テーマが設定されている。

　低学年では「しっかり生きる」、中学年では「仲良く生きる」、高学年では「よりよく生きる」となっている。その重点テーマには、複数の資料が用意されており、重点的に扱えるようになっている。

⑦各社とも共通していることだが、道徳ではどんな勉強をするのかを、教科書の冒頭の部分で紹介している。

「みんなの道徳」（高学年）では、「いろいろな生き方についてみんなで考えよう」「語り合い、考えを練ろう」「学んだことをまとめよう」と述べられている。つまり、様々な価値や考え方を知ること、課題に対して自分の考えをもつこと、考えを表現したり、話し合ったりすること、自分の考えをまとめることが重視されている。

2　教科書活用のポイント

①読み物資料

　読み物資料は、基本的な流れとして、次のように進める。

ⅰ　資料を範読し、内容を簡単に確認する。

ⅱ　資料を読んで、「分かったこと、気付いたこと、思ったこと」を書かせる。

ⅲ　できるだけたくさん書かせた後に、どれか一つを選んで板書させる。

ⅳ　板書したものを自分で読み上げていく。

ⅴ　その内容について、質問や意見があれば、発表させる。

ⅵ　そのまま討論になれば、そのまま討論に入る（あるいは教師が発問をする）。

ⅶ　ほかにどのような行動をとるべきだったか多様に考えさせる。

ⅷ　出された考えを検討する。

ⅸ　今日の学習を振り返って、考えたことを書く。

　例えば、六年生の資料に「移動教室の夜」（移動教室の夜、「私」が遅くまで友達（春美）と話していて、同部屋の友達（千葉さん）が翌日に具合が悪くなるという話）がある。児童の板書は次のように分かれるであろう。

【よくない】

・「私」の自分勝手な行動はよくない。

【しかたない】

・学校で約束したのだから遅くまで話すのはしかたない。

【その他】

・もともと体調がよくなかったのかもしれない。

　そこで、「自分勝手なのはだれか」で話し合ってみる。すると多様な考えが出るはずである。

　また、「ほかにどのような行動をとるべきか」を考えさせることで、例えば、

・「少し気分が悪い」と千葉さんが言っているので、この時点で先生に連絡すればよかった。

・千葉さんも自分から具合が悪いことをきちんと話せばよかった。

・ずっと起きているという約束自体するべきではなかった。

などの考えが出るはずである。

　一つの価値観を与えたり、二者択一で考えさせたりするだけではなく、とるべき行動を多様に考えさせることも大切なことである。

この方法は、読み物資料だけではなく、写真、イラストなどの資料でも使える。

ただし、常に念頭においておかなければいけないことがある。それは、ルール、モラル、マナーを混同しないことと判断基準のコードを与えているかということである。

資料によっては、明らかに主人公の判断がまちがっている（ルール違反）なのに、モラル的（例えば友情・思いやり等）に主人公の気持ちに寄り添うような展開になっているものもある。それを同じ次元で葛藤させることはあってはならない。もしか、やるとしたら、次元のちがいを指導するべきである。また、話し合うことによって、判断基準のコードが与えられなければ、それは学習ではない。「～の時には……で判断する」といった積み重ねが必要なのである。

②関連した読み物資料

「みんなの道徳」には、重点テーマに沿って複数の読み物資料が用意されている。それぞれを授業で扱った後に、関連づけるために、次のように進める。

ｉ　主人公に共通した行動は何か考えさせる。

ⅱ　主人公に共通した考え方は何か考えさせる。

ⅲ　主人公達は、なぜそのような生き方ができたのか自分なりに考えをまとめる。

ⅳ　考えを発表する。

ｖ　自分のことを振り返る。

六年生の資料に「猿渡瞳さん」「マザー・テレサさん」「大村智さん」を扱ったものがある。三人とも生き方はちがっているが、命（死）と向き合い、自分にできることを成し遂げていったことは共通している。ここでは、自分の考えたことをグループや全体で話し合いながら、最後はもう一度自分自身を見つめるようにしていきたい。

③先人に学ぶ

「先人」を扱った資料では、発展として似たような人物を扱った授業が可能である。

その時に便利なのがＴＯＳＳランドである。ＴＯＳＳランドＮｏ「６４３７３６５」を検索すると、「道徳授業検索　先人に学ぶ」というサイトがある。ぜひ参考にしていただきたい。

3 主体的、対話的で、深い学び

今回の指導要領の改訂では、「主体的、対話的で、深い学び」（アクティブ・ラーニング）が重視されている。道徳科では、「考え、議論する道徳」がキーワードとして取り上げられているが、同じことである。いかに、子どもが主体的に議論できるかが大切なのである。

そのために、不可欠なことがある。一人一人が自分の考えをもち、それを自由に発表できるかどうかである。教科書が変わり、「考え、議論する」といっても、クラスがそのようになっていなければ、白々しい時間が続くだけである。

①課題に対して自分の考えをもてるか。

②その考えは人に合わせていないか。

③多種多様な考えがクラスにあるか。

④その考えを堂々と発表できるか。

⑤ちがう意見を聞き、それを認めながらも議論していけるか。

⑥議論によって新しいことに気付くことができるか。

（新潟県長岡市・豊田小学校）

廣済堂あかつき「道徳ノート」

全教科書会社に対応！「議論する道徳の基本形指導」を身につけよ

道徳教科書を扱った、議論する道徳の基本形指導は河田学級にあったどの教科書会社でも使える。「廣済堂あかつき」もしかりだ

山本東矢

1 道徳ノートの扱い

どの教科書会社も教科書の内容は、以前のものとほんとんど変わらない。

大きく違うのは、別冊ノートがあるかないかだけである。廣済堂あかつきは、8社のうちの「道徳ノート」がある3社に入る。どのように扱うのか提案する。

まず、新道徳教科書に子ども向けに書いているのを見てみる。

「感じたことや考えたことを『道徳ノート』に書きましょう。ノートに書くことで自分のことを振り返って心の成長がわかったり自分にたりないところが見えてきたりします」とある。これは、

> 授業の途中に意見を書く時や授業が終わった後に、感想などを書くのに使えばよい

ということである。

2 議論する道徳が大事だ

今回の道徳改訂の提案を読み取ると、「議論をする道徳」にせよとなっている。しかも、自分の生活に結び付けて議論せよとなっている。

これは、河田式道徳がお勧めだ。2017年6月に河田孝文学級に参観に行った。道徳で副読本を使われた授業をされた。

そこで河田氏が集合知風に授業を進めていた。だれでも追試可能な流れである。紹介する。

道徳ノートは、河田氏がノートに書きなさいというところを道徳ノートに書かせればよい。また、感想で書かせればよい。

3 河田式議論する道徳

1 全体の流れ

①ノートのはじめ3行に赤囲み。
②教師の範読。
③題名を書かせる。赤囲みの中に。
④感想を書かせる。作文で。
⑤板書。作文の内容を要約したことを書く。一文で。
⑥板書を読ませる。
⑦内容の検討（質問から討論）。
⑧副読本の最後に書かれている問題について問う。
⑨今日の道徳で学んだことを一文で書く。
⑩指名なしで発表。

2 河田氏の授業展開を追試する

資料名「まどガラスと魚」

（廣済堂あかつき『小学生のどうとく3』）

あらすじ

ある日、千一郎の投げたボールがよその家の窓ガラスを割ってしまった。千一郎は思わずにげてしまった。次の日に、ガラスに「ガラスを割ったのはだれだ」と張り紙がしてあった。千一郎は後ろめたかった。

その日の夕方に、近所のお姉さんが、自分の家のねこが千一郎の家の魚をとったことをつきとめにきた。千一郎の家に迷惑をかけたと知り、正直におわびにきた。千一郎は、ドキッとした。

そして、次の日に千一郎が母親にガラスを割ってしまったことを言って、ガラスを割ってしまった家にお詫びにいった。するとそこのおじいさんは、怒らずに、「正直に言う子どもがくるのをまっていました」と言って許してくれた。

正直に言うことの大切さを伝える教材である。

3　解説付きの全体の流れ

①ノートのはじめ3行に赤囲み。

これは、社会でよくするパターンである。大きな□囲みを赤鉛筆で書かせる。

②範読。

次に、教師が教材文を読む（ちなみに、河田先生はおもしろおかしく読んでいた。少し変な声で読んだりしていた。子どもは、集中して聞いていた。その後に音読をさせることはなかった。国語と道徳の違いを感じた）。

③題名を書かせる。

教材の題名を書かせる。赤囲みの中に書かせる。「まどガラスと魚」というタイトルを書かせる。

④感想を書かせる。作文で。

箇条書きではない。作文で書かせる（河田先生は「班の問題や話題にしてみたいことを書きましょう」と言われていた。8分は書かせていた）。

⑤板書。要約したことを書く。一文で。

作文で書かせたことを要約して一文で書かせる。黒板に（これは要約を経験した中学年以上ならば可能）。

・正直に言って、えらいと思った。
・おわびをきちんとすることが大事だと思った。など。

⑥板書を読む。

子どもに右の文から読むように言う。だらだらと読む場合はやり直しをさせる。

⑦内容の検討。

「ここから、あなたたちで話し合いたいテーマを見つけて、話し合ってみて」と言う。

基本的にだれかが意見を言い、それについての質問で話しが進む。例えば、「千一郎は正直に言ったけど、みんななら正直に本当に言えますか？」となる（子どもが勝手にこのテーマで検討するようになる場合が多い。なぜなら、千一郎はえらいけど、普通はできない人もいるという話になりやすいから）。

「〜〜さんに質問で、本当に言えますか。だって、ドラえもんの時みたいにカミナリおじさんが出てくるかもしれませんよ。だから、普通は言えません」

「そうかもしれないけど、言わないと気持ちがもやもやするので言ったほうがいいと思います」

「反対です。そうはいってもこわいものはこわいです」

「でも、千一郎みたいに、ずっともやもやするのもよくないです。そもそも悪いことをしたのだから、あやまるべきです」

（このような感じで討論が続いていく）

この話し合いは決着がつかなくてもいい。話し合うことで、千一郎の葛藤の元がわかればいい。

⑧副読本に書かれた問題について問う。

今回の教材には、三つの発問があった。

一番目は「千一郎が遠回りをしてまで何度も窓ガラスを見に行ったけれど、「ぼくがわりました」と言えなかったのはどうしてでしょう」

二番目は「**あじの大きな目で見つめられたように思ってはっとしたあと、千一郎は、どんなことを考えて窓ガラスをわったことをお母さんに話す決心をしたのでしょう**」

三番目は「千一郎のように、まよったけれどあやまちを正直に言ったとき、どんな気持ちになりましたか」

一番目の発問は、先ほどの話し合いでその内容を満たしているので使わなかった。

三番目は、主題に直結をするが、そのような経験をしていない子が言えないと思ったし、最後の感想を書きなさいでその内容を十分に満たせると思ったので使わなかった。

ゆえに、二番目の発問をした。これは、討論になりやすいのでまたいいと思った。

討論は、「おねえちゃんも話しているし、自分もしないと恥ずかしいと思ったから」「本当に悪いと思ったから」「自分がずっと嫌な思いをしているのが気持ち悪いから」などが出る。

これらがそうであるかそうでないかを検討していった。時間の限り。

⑨今日の道徳で学んだことを一文で書く。

最後に、「今日の道徳で学んだことを一文で書きなさい」ノートのタイトルの上に書くように指示。横書きで。

⑩指名なしで発表。

「正直に言わないことは恥ずかしい生き方だ」「正直に言うことはかっこいいことだ」「正直に言わないと気持ちが悪いものだ」「正々堂々といきるべきだ」という意見が出た。

4　授業を追試して、感じ、思ったこと

①道徳授業の基本的な指導となると感じた。

②授業の最後に、この道徳の授業で一番言いたいことはなにかをノートの上に書かせるのは最後に書かせるのに意味があると思った。さんざん勉強した後に、書かせるからいいのだ。テーマが出てきやすいのだ。これをはじめに書くのと後に書くのとでは意味が違う。印象が変わってくる。

③この手法で討論をすると、基本的に自動的にその内容で最も大事なことが論点となるであろう。

④ただ、この授業が成立するには集合知や討論の授業をしておく必要がある。

⑤自動的に討論にならない場合は、教師が分かったことや気が付いたこと、思ったことを書かせた後に、一つ選ばせて書かせて、そのことについての質疑応答をして、内容や状況を深く確認させた後に、討論のテーマを与えればよいと感じた。

⑥河田氏はノートを使われていた（道徳ノートを作らせていた）が、道徳ノートでも同じことができると感じた。

⑦道徳教科化に対応するすばらしい授業になる。

（大阪府大阪市・みどり小学校）

日本文教出版「生きる力」

力のある資料とセットで心に響く授業にしよう

堀田和秀

日本文教出版の「生きる力」は、全国的に見てもかなりのシェアがある教科書である。

「生きる力」の傾向とその内容を分析することで、どのような授業展開がマッチするのかが見えてくる。

一 「生きる力」の特徴

「生きる力」には、次のような特徴がある。

> ①現代的な課題に対応した教材を掲載（いじめ、防災教育、情報モラル、キャリア教育）
> ②討論をさせる教材（モラルジレンマ）
> ③道徳ノートが別冊でついてくる

①現代的な課題に対応した教材を掲載

これらの教材については、他の教科書会社も扱っている内容である。

これまで、総合的な学習の時間で扱ってきた防災教育や情報モラル、キャリア教育などが、教科書に掲載されていることにより、道徳の時間に扱うことができる。

②討論をさせる教材

日本文教出版の五・六年の教科書には、モラルジレンマ教材が掲載されている。

モラルジレンマとは、「背反する二つの命題において究極の選択肢を迫られるときに発生する葛藤」のことである。

道徳的価値に葛藤が生じるかどうか、賛否両論あるが、討論が生じることを意図して掲載されている。

新学習指導要領で謳われている「考え、議論する道徳」を意識した教材である。

③道徳ノートが別冊でついてくる

日本文教出版の教科書には、「道徳ノート」が別冊でついている。

このノートは、罫線ノートではない。

たとえば、六年「二六　エルトゥールル号―日本とトルコのつながり―」のノートには、次のように書かれている。

> 日本とトルコをつないでいるきずなとは、どんな心なのでしょう。

この発問に対しての記述欄がある。

つまり、このノートを使うためには、この発問をしなければならない。

道徳ノートがあることで、道徳の授業に苦手意識のある先生にとっては、授業がやりやすくなるだろう。

一方で、この発問をしなければノートが書けないため、授業の自由度がなくなる可能性もある。

二 教科書の授業とTOSS道徳の授業をセットで行う

TOSS道徳は、向山洋一氏が一九八九

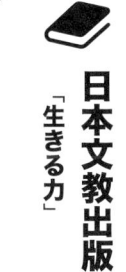

年の箱根会議アピールをもとに体系化された指導方法である。

向山氏は、「生き方五原則」として、次の五つを挙げている。

> ①相手のことを心から考えよう
> ②弱いものをかばおう
> ③世のため人のためになることをしよう
> ④まず自分にできることをしよう
> ⑤先人に学ぼう

この五つの原則を教えるために、「A.力のある資料」「B.力のある授業」「C.体験・知見に満ちた語り」を使った授業群を開発してきた。

TOSSランドには、TOSS道徳の実践がたくさん共有財産化されている。

(http://www.tos-land.net/)

しかし、教科書が配布される以上、教科書を使った授業を展開しなければならず、これまでのTOSS道徳の実践は使いづらくなる。

せっかくの実践群を埋没させるのは、あまりにもったいない。

私は、第三一回日本教育技術学会東京大会で、次の提案をした。

> 教科書を使った授業と力のある資料をセットにして授業を組み立てる

TOSS道徳の実践群を「ミニ授業」化し、授業最後の一〇分程度をまとめとして活用する。

以下に、教科書に掲載されている教材のパターンと、それぞれの授業プランをまとめたものを掲載した。

それぞれの教材に合わせて、TOSSランドの実践をくっつけていけばよい。

三 「クラスのきまり（日本文教出版六年）」の授業

まず、教科書を教師が範読する。

道徳の授業は、音読の練習の場ではない。

教師がゆっくりと、その状況に合わせた読み方をして、子どもたちのイメージを補完する。

読み終えたら、道徳ノートの発問をする。

> 発問　さとるさんの主張のよいところは何ですか。道徳ノートに書きなさい。

「そうじをさぼっている人に、きちんとそうじをさせることができる」といった意見が出るだろう。

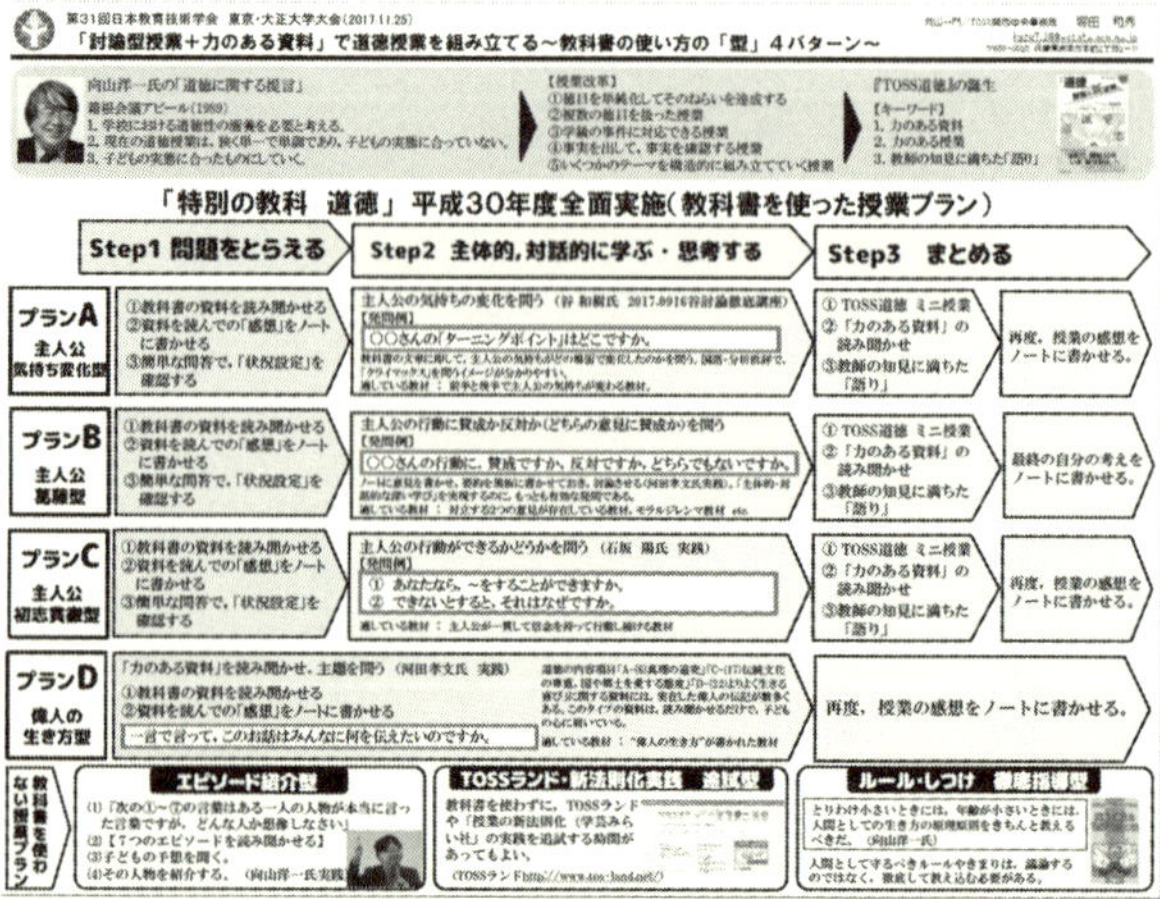

続けて、さとるさんの主張のよくないところ、ひろみさんの主張のよいところとよくないところも、ノートに書かせる。

それぞれの主張のメリット・デメリットを確認したあと、次のように言う。

> 発問　さとるさんの主張に賛成ですか。それとも、ひろみさんの主張に賛成ですか。

ノートに意見を書かせ、要約したものを黒板に書かせる。

その意見を見ながら、ペアあるいはグループで意見を交換させる。

その後、全体で討論を行う。

二〇分程度討論を行ったあと、全体に力のある資料を使って、授業を行う。

> 発問　人が安心して暮らすためには、きまりが必要です。きまりを破るとどうなりますか。

「罰が与えられる」「叱られる」などの意見が出るだろう。

社会のルールを破るとどうなるのか、外国と合わせて見せる。

日本が、圧倒的に罰則が緩いことが分かる。

口々に「日本は危ない」「日本は、このままで大丈夫か」と言っている。

では、実際に日本は治安の悪い国なのか。

殺人の発生率や窃盗の発生率を見せる。治安が悪いわけではない。逆に、日本の犯罪発生率は他の国よりも圧倒的に低い。

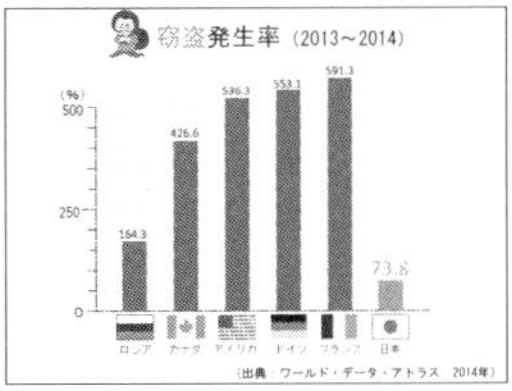

> 発問　日本は、最近治安がよくなったのですか。それとも昔からよいのですか。

これは、ほとんどの子が昔からと答える。

そのことを証明するデータが「江戸の警察官の人数」である。

百万人規模の大都市を、三六人で守っていたという記述が残っている。同じ規模のロンドンが二万人以上の警官がいたことを考えれば、治安のよさは歴然としている。

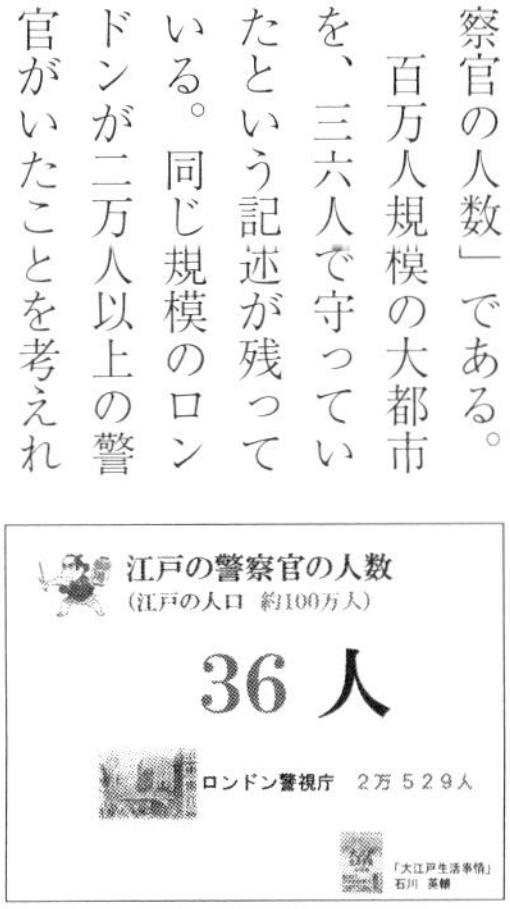

最後に、来日した外国人の言葉をいくつか紹介する。

「彼らは親しみやすく、一般的に善良で、悪意がない（ザビエル）」

「日本人のすばらしさは、きちんとしたしつけや心のやさしさにある（アインシュタイン）」

きまりを守ることの大切さと同時に、日本人がきまりを守ることを大切にしてきたことを、力のある資料で教えるのだ。

教科書を扱った授業だけでは、「白々しい道徳」の域を越えない。

力のある資料とセットで授業することで子どもの心にズシンと響く授業となる。

（兵庫県洲本市・洲本第一小学校）

年間計画づくり＝疑問と不安に備える工夫点

林　健広

道徳の年間計画づくり、どんな疑問と不安があるのか、同僚に聞いてみた。

不安①　今までつくってきた年間計画と大きく変わるのですか。

大きく変わります。新学習指導要領に基づく教科書が出ます。ですから、年間計画も大きく変わります。今まで副読本に載っていた題材もなくなるものもあるので、年間計画は変わらないといけません。

逆に言えば、年間計画がそのままのほうがおかしいです。あわてる必要はありませんが、のんびり構えていてもいけません。

不安②　年間計画を、どのように立てていけばよいでしょうか。

まずは、新「学習指導要領」を読みます。もちろん「解説」も読みます。指導計画ならば、「第3章　特別の教科道徳」の「第3　指導計画の作成と内容の取扱い」は必読です。

次のように書かれています。

1　各学校においては、道徳教育の全体計画に基づき、各教科、外国語活動、総合的な学習の時間及び特別活動との関連を考慮しながら、道徳科の年間指導計画を作成するものとする。なお、作成に当たっては、第2に示す各学年段階の内容項目について、相当する各学年において全て取り上げることとする。その際、児童や学校の実態に応じ、2学年間を見通した重点的な指導や内容項目間の関連を密にした指導、一つの内容項目を複数の時間で扱う指導を取り入れるなどの工夫を行うものとする。

ポイントとなるところに線を引き、ノートに書き込んでいきます。

この箇所ならば、「2学年間を見通した重点的な指導」「一つの内容項目を複数の時間で扱う指導」は大事な箇所です。

さらに、「解説」には、年間計画での工夫が三つ書かれています。

⑴**主題の設定と配列を工夫する。**ねらいと教材で構成する主題の設定においては、特に主題に関わる道徳教育の状況、それに伴う児童の実態などを考慮する。まず、ねらいとしては、道徳的価値の理解に基づいて自己を見つめるための根源的なものを

押さえておく必要がある。また、教材は、ねらいとの関連において児童が自分との関わりで考えることができるものを適切に選択する。

さらに、主題の配列に当たっては、主題の性格、他の教育活動との関連、季節的変化などを十分に考慮することが望まれる。

(2)計画的、発展的な指導ができるように工夫する。 内容項目相互の関連性や、学年段階ごとの発展性を考慮して、6年間を見通した計画的、発展的な指導が行えるよう心掛ける。また、児童が進学する中学校における道徳科との関連を図るよう工夫することも望まれる。

(3)重点的指導ができるように工夫する。 各学年段階の内容項目の指導については、児童や学校の実態に応じて重点的指導を工夫し、内容項目全体の効果的な指導が行えるよう配慮する必要がある。その場合には、学校が重点的に指導しようとする内容項目の指導時間数を増やし、一定の期間をおいて繰り返し取り上げる、何回かに分けて指導するなどの配列を工夫したり、内容項目によっては、ねらいや教材の質的な深まりを図ったり、問題解決的な学習など、多様な指導方法を用いたりするなどの工夫が考えられる。

この三つを意識して年間計画を組み立てていきます。

不安③　年間計画は誰が立てるのですか。いつまでにできていなければいけないのですか。

4月には、年間計画を立てていないといけません。その際、先に示した「主題の設定と配列」「計画的・発展的に指導」「重点的な指導」をポイントにしていきます。各教科書会社のHPに年間計画のデータがあります。そのデータを土台として組み立ててもよいです。

4月の職員会議で提案します。

「道徳の年間計画です。」

「土台としてください。この月は別の教材がよい、などの代案がありましたら、赤で入れてください。夏休み、冬休み、春休みに、年間計画を回収します。赤が入っているものを、私のほうで修正します。」

ただ年間計画を配っても効果はないのです。

2020年に、あわてることなく、確定した年間計画になります。

① 道徳主任が、年間計画の土台をつくる
② 年間計画を4月に配る
③ 修正は赤で入れてもらう
④ 修正は、長期休みのときに修正する

（山口県下関市・小月小学校）

議論する道徳への転換＝疑問と不安に備える工夫点

吉田知寛

「特別の教科　道徳」指導要領解説の第1章総説には次のように書かれている。

「多様な価値観の、時に対立がある場合を含めて、誠実にそれらの価値に向き合い、道徳としての問題を考え続ける姿勢こそ道徳教育で養うべき基本的資質である」
〜中略〜
答えが一つではない道徳的な課題を一人一人の児童が自分自身の問題と捉え、向き合う

これらのことから、教師は次のことを意識する必要があると考える。

① 多様な考えが出る発問をすること
② 自分とは異なる意見を持つ人たちと議論させることで、児童生徒の考えを広げていくこと

議論させる内容に加えて、どのように議論させるかも、教師として考えなければならない。だが、議論できるようになるまでの指導は、紙面の都合上割愛する。ただ、議論できるようにさせるために、教師が最初に意識すべきことは、「いかにして子どもに発言させるか」である。

「特別の教科　道徳」の授業実践

ⅰ主題名「進んで人のために」
ⅱ内容項目C「勤労、公共の精神」
ⅲねらい

社会生活を営む中で、自分にできることを見つけて、積極的に人のため社会のために働くことの意義や大切さを知り、社会のために進んで役立とうとする実践意欲と態度を育てる。

ⅳ教材名「神戸の復興は僕らの手で」
（出典「みんなの道徳」学研）

ⅴあらすじ

① 主人公がトイレに行くと、便器に大便が山盛りになっている。
② 主人公の担任が、手袋をはめて大便をつかみ、ごみ袋に入れる。それを主人公はただ見ているだけ。
③ その後、年下の少女が、牛乳瓶を温めて配っている姿を目撃する。

> ④ 自分にできることは何か、必死に探し始める。
> ⑤ 小さい子に絵本を読んだり、紙芝居をしてあげたりする。
> ⑥ さらに、お年寄りのお世話まで始める。

A　実際の授業（校内研の授業より）

以降、議論の場面に限定して記す。

> 発問　自分なら大浜先生を手伝うか。

「手伝った方が良いが、その場にいたらできない」という発言が出てきたので、それを取り上げ、次の発問をした。

> 発問　分かっていてもなぜできないのか。

これを班で話し合わせ、班の意見を代表に発表させた。

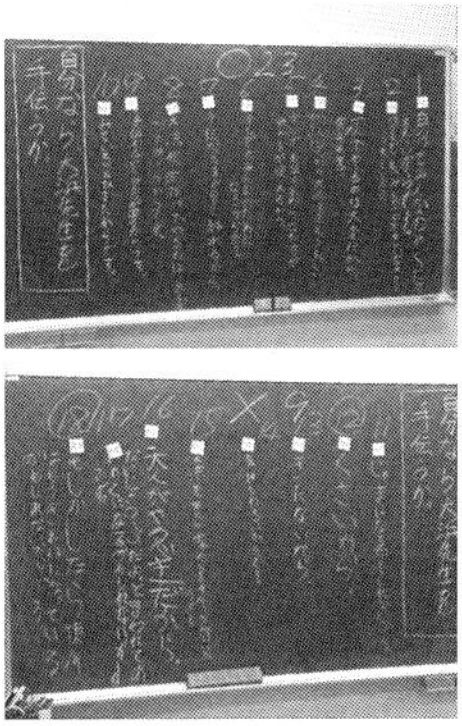
板書（児童が黒板に意見を書く）

B　Aの授業の指導・講評から

講評の内容を次に示す。

> 「大浜先生を手伝うか」という発問によって、児童から多様な考え方が出てきた。これは良かった。
> 次の「なぜできないのか」という発問について、ねらいには「自分にできることを見つけて」と書いてある。だから、最終的にはこのことについて考えさせる必要がある。「なぜできないのか」という発問で、子どもたちは、それを考えることができたのか。

このような内容であった。講評をもとに、もう一度発問を練り直した。

> 説明・発問　大浜先生と同じことはできないかもしれない。でも、ほかにできることはある。できることは何か。

「手伝った方が良いが、その場にいたらできない」という発言を受けて、この発問をすることもできる。しかし、ほかにもこの発問につなげられそうな児童の発言があったので、それを記す。

> 児童の発言　大便を掃除することはできないけれど、ビニル袋を持ってくることくらいはできる。

（東京都三鷹市・中原小学校）

答えが一つでない課題への取り組み＝疑問と不安に備える工夫点

田丸義明

1 「話し合い・思考をする」ことで終わらない

1 自己を見つめ
2 物事を多面的・多角的に考え
3 生き方について考えを深める

という学習を通して〜と目標にある。

例えば、次のように設計する。

1 道徳的価値（例：誠実）について、話し合い・思考をする。
2 道徳的価値について理解・深める。
3 道徳的価値の視点から自分を見つめる。
4 自分の生活を見直し、自分の成長と課題を見出す。
5 自己の成長と課題を実感し、現実生活の取り組みへ関心を向ける。

道徳の授業を経て自分自身を見直す
1　道徳的価値（例：誠実）について、話し合い・思考をする。
2　道徳的価値について理解・深める。
3　道徳的価値の視点から自分を見つめる。例：誠実という視点から見ての自分は!?
4　自分の生活を見直し、自分の成長と課題を見出す。例：誠実という点で、こんなところが成長した、ここがまだ課題だ。
5　自己の成長と課題を実感し、現実生活の取り組みへ関心を向ける。

重要なことは、1の「道徳的価値について、話し合い・思考をする」ことで終わらないことである。

つまり、「事後への課題追究へとつなげること」が大切となる（評価でも「継続して」という点がポイントになっている）。

2 自分自身に置き換えて考える

道徳の授業で気をつけなければならないこととして3点挙げる。

1 主題やねらいの設定が不十分な単なる生活体験の話し合い授業
2 読み物教材の登場人物の心情理解のみに終始する授業
3 望ましいと分かっていることを言わせたり書かせたりすることに終始する授業

2について述べる。特別な教科

道徳では、次のことが求められるようになった。

> 登場人物の気持ちに共感する。
> ↓
> 登場人物に共感して、自分の体験から気持ちを考える。

登場人物の気持ちを考えるとともに、自分自身に置き換えて考えるという「自分との関わり」つまり、「自我関与」が必要になってくる。

例えば「手品師」という教材がある。

手品師は、少年のもとへ駆けつけて、約束を守るべきか、それとも、大舞台へと向かい自分の夢を叶えるのか、ということを考えさせる教材である。

どちらか一方に正解があったり、どちらか一方の行動をしなくてはならなかったりということはない。答えが一つではないことがらについて考えやすい教材である。

この教材では、

> 1 登場人物である「手品師の気持ち」を考えること
> 2 似たような「自分の体験」を想起させること、「自分ならばどうするのか」を考えさせること

といった「自我関与」を中心とした学習にする必要がある。

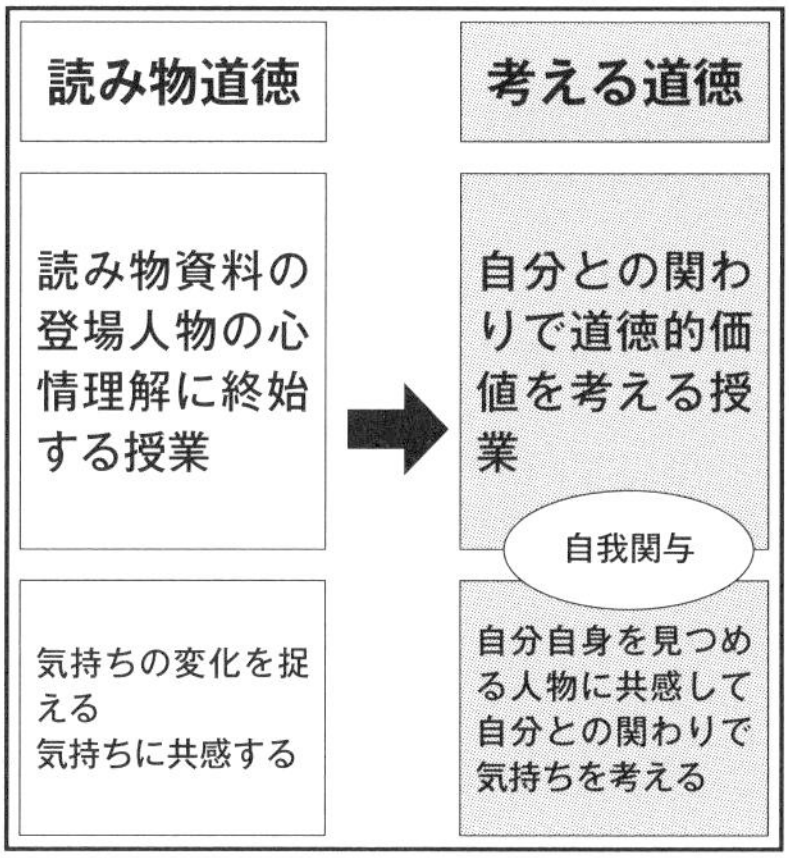
読み物道徳
読み物資料の登場人物の心情理解に終始する授業
気持ちの変化を捉える
気持ちに共感する
考える道徳
自分との関わりで道徳的価値を考える授業
自我関与
自分自身を見つめる人物に共感して自分との関わりで気持ちを考える

3 道徳的価値を理解・深めさせる

答えが一つではない課題については、意見が分かれ話し合いが盛り上がることが多い。様々な視点から意見が出されることもある。

「話し合いが盛り上がること」も「様々な視点からの意見が出ること」も大切である。しかし、本時の目標である「理解・深めさせたい道徳的価値」を児童が理解・深められているのか。そのための手立てを教師が取れていたのか、が、最も重要になってくる。

例えば、出された意見を分類、整理して、「これらの意見、理由を別の言葉で言うとどうなる？」と子どもに返してみる。その結果、「誠実」「規範」といったことを引き出したり教えたりする。これが、先に述べた「道徳的価値」となる。

（神奈川県川崎市・大谷戸小学校）

特定の価値観に陥らない＝疑問と不安に備える工夫点

谷　和樹

●一　道徳資料「最後のおくり物」の一般的な展開例

「最後のおくり物」という資料がある。文科省が平成二六年度に作成した道徳教育用教材『私たちの道徳』小学校五、六年（廣済堂あかつき株式会社）に収められている。

新学習指導要領の内容項目では「B　主として人との関わりに関すること」の中の「親切、思いやり」が該当する。

全文を引用したいが、紙面がない。文科省のサイトから読めるので、そちらをご覧いただきたい。

大変有名な教材だ。五、六年の授業でよく取り上げられている。ネット上にも多くの指導プランがある。

たとえば、大阪府のサイトで公開されている資料（http://www.pref.osaka.lg.jp/attach/9723/00000000/syougattkou2.pdf）では、次のような発問が紹介されている。

① （場面1　おくり物が届かなくなる）唇をかむロベーヌはどんな気持ちだったでしょう。

② （場面2　仕事を休んでつきそいすることを決心する）なぜ「息子です」ときっぱりと言ったのでしょう。

③ （場面3　最後の手紙を取り出して読む　中心場面）ロベーヌはジョルジュじいさんから、お金と一緒に何をもらったのでしょう。

④ （場面4　何かを決意したように、遠くに視線を移した）このときロベーヌはどんなことを考えていたでしょう。

そして、授業の最後にはロベーヌになりきってジョルジュじいさんに手紙を書かせたりする展開などもあるようだ。

資料の登場人物の気持ちに寄り添って読みながら、自分の経験に結びつけて考えさせる展開といえる。

道徳が教科になってからも、このような展開での授業が続くとしたら、教科化への改革は失敗である。

「考えて、議論する道徳」を本当に推し進めるなら、こうした授業から脱却し、次の考え方をもっと検討するべきである。

論理的に考える道徳

●二　リアリティのある中で、多様な見方・考え方を論理的に考えさせる

新学習指導要領で強調されているキーワードは次のものである。

多様な見方や考え方

多様な見方・考え方を道徳の中で保障するためには、次のことが何よりも大切である。

リアリティ

子供たちは空想の世界に生きているのではない。リアルな現実社会の中で多様な価値判断、行動選択を迫られているのだ。

「最後のおくり物」という資料は、そういった点ではリアリティに著しく欠けている。

私なら、次のような点をまず問題にしたい。

> あなたがロベーヌなら、このお金をそのまま受け取りますか。それとも、他の選択肢がありますか。

当然、現実社会では、こんなお金をそのままもらうわけにはいかない。ジョルジュじいさんに相談してもいいが、「受け取れない」ということをもっと真剣に考えるべきだ。そもそもロベーヌの両親や親戚などの存在が資料からは分からない。通常は身内に相談すべきだ。それとも天涯孤独なのか?

そして、メインは次の点である。

> あなたがジョルジュじいさんなら、このようなお金の渡し方をしますか。それとも、もっと他に方法がありそうですか。

ジョルジュの方法は安易である。どうしてこんなこっそりとした方法でお金を置かなければならなかったのか。その必然性が分からない。

当然次のような意見が検討されていいはずである。

①　ロベーヌに向かって最初から堂々と「君に期待している」と言うことはできなかったのか。

②「真剣に練習するなら、私が金銭的に援助したい」と正面から告げる方法もあったのではないか。

③　さらに「二人だけの秘密だよ」「お金は出世払いでよい」「私にお金を返すよりも、君が舞台に立ってくれることが、なによりの私へのプレゼントだ」等と言えばよかったのではないか。

④　あるいは、時機をみて本当にロベーヌを養子にすることだってできたのではないか。

こうした選択肢の具体的な検討こそが、多様な見方や考え方に基づいて「考えて、議論する道徳」の出発点であると考える。

（玉川大学教職大学院教授）

ＡＬ的道徳授業のスキル＝疑問と不安に備える工夫点

上野一幸

ＡＬ的道徳授業とは、「討論型道徳授業」であると私は考える。その根拠は、学習指導要領（平成二十九年三月告示）第三章「特別の教科道徳」第三「指導計画の作成と内容の取扱い」に、次のように書かれているからである。

> 生徒が多様な感じ方や考え方に接する中で、考えを深め、判断し、表現する力などを育むことができるよう、自分の考えを基に討論したり書いたりするなどの言語活動を充実すること。

討論型道徳授業を成立させるために必要なスキルは、次の三つであると考える。

> 一　教室の雰囲気を発言しやすいように温めるスキル
> 二　討論を組織し、活性化させるスキル
> 三　異なる視点を提示し、議論を深めるスキル

これらのスキルについて、昨年度行った研究授業を基に、具体的に述べる。

●一　教室の雰囲気を温めるスキル

昨年度、地区の道徳研究会で研究授業を行った。勤務校の隣の学校で、初対面の中三相手の飛び込み授業である。使用した資料は、「二通の手紙」（「私たちの道徳」に掲載）。

資料のあらすじは以下である。

> 幼い姉弟が入園終了時刻後に動物園にやってきた。動物園職員・元さんが話を聞くと、弟が誕生日なので動物を見せてやりたいが、母親は仕事で来られないという。それを聞いた元さんは、二人を入園させる。
> 　しかし、子供たちが一時行方不明になり、大騒ぎとなる。子供たちは無事に発見されたが、その後、元さんは二通の手紙を受け取る。姉弟の母親からの「感謝の手紙」と園長からの「解雇通知」だった。

授業開始直後、教室内は緊張した空気が漂っていた。お互いに初対面で、しかも、周りには参観者が十数

名いるという状況で、自由に意見を発表するのは難しい雰囲気だった。

そこで、四名一組を作り、一文交代で資料を音読させた。ポイントは、

①声を出させること
②少人数で活動させること

である。声を出させることで張りつめた空気が緩み、少人数で活動することで安心感が生まれる。

音読によって、全体の前で発言することへの抵抗感を和らげ、発表がしやすい雰囲気を作ることができた。

●二　討論を組織し、活性化させるスキル

中心発問は、「幼い姉弟を入園させた元さんの行動に賛成ですか、反対ですか。」とした。ポイントは、

二者択一の問いにすること

である。二者択一にすることで、生徒は自分の立場を明確にすることになるからだ。挙手させてみると、賛成派がやや多かった。

次に、それぞれの立場を選んだ理由を書かせる。それによって、自分の考えを整理させることができる。

八割方の生徒が書き終わった段階で、同じ意見の者同士を集め、「作戦タイム」である。同じ意見の者同士でも、その理由には違いがある。それを交流することで、自分の論を固めることができ、安心して意見を発表することができるようになる。

作戦タイムの後は、「指名なし発表」である。ポイントは、

少数派から発表させること

である。それにより、少数派が多数派の勢いに押されて発表できないということがなくなる。

●三　異なる視点を提示し、議論を深めるスキル

お互いの立場から意見を言わせた後、質疑応答をさせたが、どちらも譲る気配はない。そこで、「姉弟の願いを叶え、かつ、元さんも動物園を辞めずに済む方法はありませんか」と問うた。ポイントは、

第三の視点を提示すること

である。それにより、問題を今までと異なる角度から捉えることができ、多様な解決方法が導き出されることになる。実際、生徒からは「割引券を渡して、後日来てもらう」「日を改めて開園前の時間に来てもらい、特別に貸切にする」など、ルールを守りつつも姉弟の願いを尊重する意見が出された。これからも、積極的に討論型道徳授業に挑戦していく。

（福島県白河市・五箇中学校）

校内研修＝疑問と不安に備える工夫点

雨宮　久

特別の教科 道徳（科）が位置付けられる。道徳の教科化に伴い、重要なポイントを校内で共通理解しておく必要がある。それには、校内研修の場が一番ふさわしい。ただ単に教科書ができるというだけではなく、教師の意識の大きな転換が必要だということを職員の共通理解とする。校内研修で扱う時のポイントを示す。

●一　議論する道徳

学習指導要領における次を示す。

> 「答えが一つではない課題に子供たちが道徳的に向き合い、考え、議論する」道徳教育への転換がなされる

今までの道徳授業は、次に示すようにこの考えと反対である。

「答えを一つにしがちであり」
「道徳的に向き合わず」
「考えず」
「議論しない」

次のような授業が多かったのではないか。

「読み物を読んで」
「登場人物の心情を追い」
「道徳的価値を見つける」

子供たちは、読み物教材の中にある「価値」は何かを先読みし、自らの考えではなく「答え」を探そうとする。優等生が活躍する授業である。

このような授業では、道徳教育が貧弱なものになり、しらけたものになってしまいがちである。

実際にこのことを「道徳教育の在り方に関する懇談会」では、次のように指摘している。

> 授業方法が、読み物の登場人物の心情を理解させるだけなどの型にはまったものになりがち

道徳的価値や考えは、一つではなく、もっと多様であり、場面や立場、状況によって変化するものである。個人の体験によっても違ってくる。

もっと深く考えさせる授業が求められている。子供たちが互いに考えを知り、自らの考えを深める授業が求められているといってよい。

●二　「主体的・対話的、深い学び」

次に答申を示す。

> 対話や討論など言語活動を重視した指導、道徳的習慣や道徳的行為に関する指導、問題解決的な学習、小・中学校の違いを踏まえた指導など、多様で効果的な道徳教育の指導方法へ

新しい学習指導要領の目玉でもある「主体的・対話的、深い学び」が道徳教育においても生かされていることがわかる。

その一つの方法として討論の授業があげられているのは、特筆すべきことである。向山洋一氏は討論の授業を次のようにまとめる（雨宮メモ）。

> 自ら課題を見つけ
> 課題を追究し
> それを交流し
> 自らの考えを深める

道徳授業も討論の形をとることで、先の答申の内容が具体化されることが期待できる。

三　日常的な蓄積で評価する

評価をどのようにするかもポイントである。道徳科の特性上、他の教科と同じような数値化はふさわしくないと考える。また、他との比較による評価ではなく、個人の成長や変化を評価する「個人内評価」となる。

しかし、道徳性をどのように記述したら良いのかを明確に確認する必要があるだろう。

冒頭に示した「答えが一つではない課題に子供たちが道徳的に向き合い、考え、議論する」道徳授業を目指すのだから、授業の中で「考え、議論し、多面的な考えを持ち、深めることができたか」を評価する。

また、一つ一つの内容に即した評価ではなく、全教科、全学校生活といった、大きな枠組みの中で個人の成長の様子を評価対象とすることが必要である。具体的には、次のような日常的な記録を行うことが評価の材料となる。それを、道徳の内容の四つの視点に照らして行う。

A　主として自分自身に関すること
B　主として人との関わりに関すること
C　主として集団や社会との関わりに関すること
D　主として生命や自然、崇高なものとの関わりに関すること

これらを具体的な子供の姿に置き換えて定義する必要があり、それを日常的に観察し記録する。

それには、月に一回定期的に言動、作文、日記、ノート、一筆箋、連絡帳などの内容を記録する。記録を基に、「多面的・多角的に考え、行動しているか」を記述し評価とする。

（山梨県山梨市・岩手小学校）

記述式評価のエビデンス
＝疑問と不安に備える工夫点

木村重夫

●一　□□る道徳・□□する道徳

平成29年10月にＴＯＳＳは画期的な教材を開発した。

> 『独立行政法人教職員支援機構「主体的・対話的で深い学び」を実現するための研修用テキスト開発』全10巻

文部科学省の委託を受けてＴＯＳＳが「主体的・対話的で深い学び」に正対して開発したテキスト群である。

第7巻『特別な教科・道徳における「主体的・対話的で深い学び」』には、道徳教育の一番のポイントが紹介されている。

テーマ1　道徳で「主体的・対話的で深い学び」を実現するためのキーワードは何ですか？

□□る道徳　□□する道徳

> 道徳教育では、他者と共によりよく生きるための土台となる道徳性を育むものです。そのため、答えが一つではない道徳的な課題を、一人一人の児童が自分自身の問題として捉え、向き合う「考える道徳」「議論する道徳」が必要とされています。
>
> 文部科学省　論点メモ（案）

（以上引用）

●二　考え、議論する道徳の評価

「考え、議論する道徳」への転換によって、大きなテーマが生じた。

> 考え、議論する道徳の評価をどうするか。

評価のポイント1

そのための授業の工夫が必要になる。私は4月に全員にＴＯＳＳノートを配り、「道徳ノート」を作らせている。

> 道徳ノート

考え、議論する道徳の授業を成立させるためには、①ノートにテーマを写させる。②自分の意見をたくさん書かせる。③対立する意見への反論も書かせる。ノートにたくさん書いていないと、子供たちの議論はすぐに終わってしまう。

■記述式評価例

「道徳ノートに自分の意見をたくさん書けました」

「異なる意見への反論もしっかり書けました」

議論に参加していたか。

議論すなわち「討論」である。

毎時間、授業終了時に問う。

「今日の授業で1回でも発言した人？　○です」「2回以上発言した人？　◎です」「討論を深める重要発言をした人がいます。誰でしょう。○○君と○○さんは三重丸です」

ただし、積極的には発言しなくてもよく考えている子もいる。私は言う。「ノートで討論に参加しなさい」

テーマに対して、自分の意見をノートに書けているか。

多くの場合、「たくさん書けている」ほどよい。道徳ノート見開き2ページにぎっしり書く子もいる。

●三　評価のキーワード

考え、議論する道徳において、評価の視点をどうするか。

> 道徳科における主体的な学び
> ①自分で気づいたことや感じたことを振り返る
> ②自分で解決に寄与しようとする意欲や態度
> ③自己評価
> （平成28年7月29日中央教育審議会資料より。以下同じ引用）

キーワードは「自我関与」である。

「自分だったらどうしますか」といった、子供が自我関与できる発問が重要になる。

> 道徳科における対話的な学び
> ①議論
> ②ゲストティーチャーとの対話
> ③自分自身との対話

キーワードは「討論」である。

> 道徳科における深い学び
> ①多面的・多角的な思考ができる
> ②登場人物に自分を投影する
> ③道徳的価値の意味を考える

キーワードは「多面的・多角的な思考」である。

私は討論後に「自分と違う意見の人を一人選びなさい」と指示する。

そしてノートに書かせる。

> 自分と立場の違う意見も取り入れながら、感想を書きなさい。

■記述式評価例

「自分の意見をしっかり主張しながらも、立場の違う意見を認めて取り入れることができました」

（埼玉県皆野町・三沢小学校）

松崎力が究極の道徳テーマに挑む！

1 安定した教材を使う

毎週行われる道徳では、副読本を利用している学校が多いだろう。私の地域では、すべての学校が副読本を使用している。

教材としては高額になる道徳の副読本を購入しているのであるから、すべてのページを実践している。

本テーマの「権利・義務」を価値項目とした内容も、各学年の副読本に必ず掲載されている。

多くの実践報告として挙げられている教材が、「雨の日のバス停」（東京書籍）や「見送られた二十球」（文溪堂）などであろう。

自作教材を取り入れて行う場合もある。しかし、教育学博士の宇佐美寛氏が指摘する

> 問題を発見するに十分な事実の情報を与えているか。

という点をクリアーしていない自作教材は、枚挙に暇がない。

そう考えると、副読本の教材を使用することは安定感がある。

ここで重要になるのが、今後、道徳授業の芯になる「主体的・対話的で深い学び」を使用する教材のすべてで、実践できるかということである。

ＴＯＳＳと独立行政法人教職員支援機構とがコラボして開発した十冊の研修用テキストがある。

このテキストは、「主体的・対話的で深い学び」を実現するための内容が書かれており、ここでの学びを取り入れることこそ、芯となる「主体的・対話的で深い学び」を実現する道徳授業を行うことができる。本稿は、二つのネタ教材を用いて、その内容を紹介する。

2 微妙な場面設定をゆさぶる

教材を扱う場合には、授業の流れがある。先に挙げた「雨の日のバス停」の授業では、次のような流れで行うとよい。

> ①教師が読み聞かせをする。
> ②登場人物、話の流れを確認する。
> ③中心発問をする。
> ④発問に対する自分の考えを書かせる。
> ⑤授業の感想を書かせる。

ここに加えるならば、導入時において、「権利・義務」についての意識調査や簡単なエピソードを聞かせるとよい。そのことで、子どもたちの思考の流れを教材で扱う価値へと向けさせることが可能になる。

道徳教材において、教師の読み聞かせは重要である。国語であれば、何度も音読をして教材を解釈していく。しかし、道徳は、ほぼ一〜二回の読みで、価

値項目の内面化まで図っていかなければならない。そのため、教師は場面を描写できるような読みの技術を磨く必要がある。

「雨の日のバス停」を簡単に示すと、あとから来た女の子が、横入りをするというものである。本教材の特徴は、場面設定が微妙なところにある。みんなが一列に並んでいたのならば、その列に並ぶのが当然の義務である。

ところが、この日は雨が降っていたのである。そのために、先に来ていた人たちは、軒下で雨宿りをしていたので、バス停に一列で並んでいたわけではないのである。ならば、雨の中、周りの人より先に出て、列の最初に並ぶ権利もあるのではないか。これをもとに、子どもたちをゆさぶっていく。ゆさぶることで、主体的で対話的な学習スタイルを可能にする。

> ほかの人たちは、バス停で待っていたのではありません。軒先です。だから女の子は、一番先に乗ろうと、雨が降っているにもかかわらずバス停に並んだのです。

とゆさぶってから、

> 女の子の行動に納得できますか。

と発問する。いきなり発問をするのではなく、子どもの思考をゆさぶることが主体的な学びを実現させる。

権利・義務とは

松崎　力

「見送られた二十球」は、高校野球の甲子園大会で、五打席すべてを敬遠された松井秀喜選手を扱った教材である。ここでのポイントは、先の宇佐美氏が指摘した十分な情報を提供しているかということである。

野球というスポーツに関して、多くの人は「誰もが知っている」と思いがちである。しかし、昨今の野球離れを心しておく必要がある。

本教材では「試合は何のためにしているのか」とゆさぶりたい。「心身を鍛えるため」と考える人もいるだろうが、「では、負けて泣く選手がいるのはなぜか」と突っ込んでみる。

しかし、教師が解を示す必要はない。あくまでもゆさぶりとして提供する。そして次のように問う。

> 五打席連続敬遠を、あなたは許せますか、許せませんか。

敬遠を選択することは、戦略上何ら問題のない権利である。しかし、国会でも取り上げられるほどの社会的問題となったことも事実である。

情報の提供として、当時のいろいろな立場の人の意見を聞かせ、自分の判断材料とするようにする。

（栃木県真岡市・真岡東小学校）

河田孝文が究極の道徳テーマに挑む！

個別生命にとって、生命が一つしかないことはわかっている。全ての動物を大切にしなければならないことも周知のとおりである。この前提で、なお、子どもたちに考えさせたいことがある。

生き物は、生き物の命の上に成り立っている

この揺るぎ無き事実をしっかり踏まえた上での動物愛護であってほしいと思い、道徳授業を実施した。

実験に使われる動物たち

「動物の写真を見せます。何の動物か分かったら手を挙げましょう」

スクリーンに次の写真を映した。

「うさぎ?」「カンガルー?」などのつぶやきが聞こえます。

すぐに手が挙がりました。

「うさぎです」

シルエットをオープンした。

「うさぎは、何をしてるの?」

「えさを食べています」「仲良く並んでいます」「くっついています」など楽しい声が聞こえてくる。

さらにシルエットをオープン。

「うさぎは、こんな様子です」

「ゲッ!」「何これっ?」という声が聞こえてくる。教室がざわめいた。

「うさぎは、何をしているのだと思いますか?」

「首を絞められている」「毛皮をとられようとしている」「実験されている」などの声が聞こえてきた。

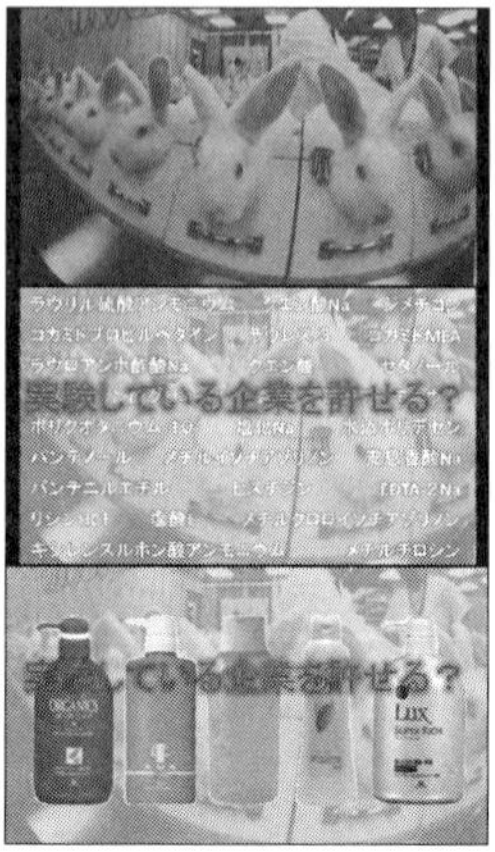

「その通り。ウサギは実験されているのです。首が動かないようにして目に薬品をかけられているのです」「このような化学成分を調べるために、実験されているのです」

教室がシーンとした。

「このような実験をしている会社がありますか。このような会社を許せますか? 許せませんか?」

全員が、「許せない」に手を挙げた。

理由を聞いた。

「こんなにかわいいウサギたちを実験台にするなんてかわいそう」「こんなにたくさんの薬品をかけるなんて、ウサギはとて

生命倫理とは

河田孝文

も苦しかったと思う」

発表が途切れたので、次のように言った。

「ところで、これらの薬品を全部混ぜると、ある製品ができます。何だと思いますか？」

→「殺虫剤」「薬」「薬品」などが出た。

そこで、右の画面を見せた。

「えっ？」教室が一瞬シーンとした。

資料を配布し、読み聞かせた。

ある化粧品会社の動物実験研究室を写した写真には、首かせをはめられたウサギがずらりと並んでいた。白衣を着た研究者が、ウサギの目に薬液を注ぐ。その薬液によってウサギの目が白濁したり、極端なものは目が溶けて形がわからなくなってしまう。

これが悪名高いドレーズ・テストといわれるもので、一九五九年にアメリカの実験医学者ドレーズによって考案されたものだ。ウサギには涙腺がないため、目に入った異物を洗い流すことができない。そのため、ウサギの目に注がれた薬物が強いものであると、角膜が白濁したり、溶けたりし始める。ウサギの目にそういう反応が現れた化合物は、シャンプーやローション、美肌剤、化粧品などに使うと危険だということで、製品開発の際、とり除く。

つまり、ウサギの目をつぶす実験は人間の美容や衛生用製品の安全度をテストするためのものなのだ。

（『死に絶える動物たち（ＪＩＣＣブックレット）』藤原英司）

「もう一度聞きます。このような実験をしている会社を許せますか？」

「このような実験をしている会社は、仕方ないですか？　それでも許せませんか？」

半々に分かれた。

そこで、20分程度の討論をした。

「自分たちが使っている」「使わなくてもいいのか」「代わりの方法があるんじゃないか」「会社もやりたくてやっているんじゃない」などの話題で討論は白熱した。討論終了後、次の資料を配布した。化粧品会社ＷＥＢページからの引用である。

【Ｍ社】動物実験を実施する研究者は絶えず動物の生命の重みを感じながら試験をしなくてはいけませんし、実験動物の苦痛削減、使用動物数を減らすことを常に念頭において実験を行っております。当社の対応について、ご理解のほどお願い申し上げます。

ドレーズ・テストの代替法は進歩している。例えば、ｉＰＳ細胞で角膜を作るという選択肢も出てきた。

最後に子どもたちに紹介した。

（山口県下関市・楢崎小学校）

「自分ならどうするか」を問うテーマと発問ヒント

長谷川博之

学級集団に問いかける場面は、年間を通して数多くある。特に学級集団形成を始めた四、五月に多い。

数年前、異動し、飛び込みで担任した中二の学級に対し、五月に試した指導を例に、「自分ならどうするか」を問う指導のポイントを抽出したい。

4、5時間目は体育館で林間学校に向けた取組みを行いました。

■4時間目は係別会議と部屋別会議。

5時間目がフォークダンスの練習でした。

この練習が、崩壊しました。担当のM先生の指示が通らないのです。

Y先生、私も所々で注意をしますが、すぐに元に戻るのでした。

学年集団に、「いいかげんでよい」「たらたらやっていたほうが楽」という負の空気が充満しているのです。だから、何をやっても許される状況が続いています。

何度も言うように、目立って注意される人達のみの問題ではありません。学年のほとんどが、話を聞くべき時に私語をし、指示通りに動くべき時に指示に従わないのです。

次が給食の時間ですから、授業を延長することはできませんでした。

結局、40分間かけて何の上達もないままに終わりました。

終わりの会でY先生は言いました。

「言いたいことはいろいろありますが、時間がないので、学級で指導を受けてください」

この言葉を受け、給食・清掃後の帰りの会で、一緒に考える時間を設けたのでした。

全体にかけた時間10分間です。まず私が、何をするかの趣意説明をしました。次に、「Y先生の『言いたいこと』とは何であったのか。一緒に考えよう」と告げ、指名なしで発表させました。

一瞬の間の後、最初に立ったのがAさんでした。「先生は一所懸命指導してくれているのに、男女が嫌だからなどの理由で練習をしなかった」

次にSさんが「指導に従わないことが問題」と述べました。

Kさんは「4秒礼等を何度もやり直させられていること」について。

Fさんは「手をつなぐよう指導されているのにやらないこと」につい

て。

　Rさんは「フォークダンスで自分勝手に行動し、時間が過ぎてしまったこと」について。

　最後にHさんが「何年も一緒にいる皆なのに、恥ずかしいとかなんとかで、やるべきことをやらないでふざけていること」と述べ、発表が途切れました。

　私は述べました。

「林間学校は、準備を進めれば進めるほど楽しみになってくるものだ。しかし、いま、私はまったく楽しみを感じない。行きたいという気持ちもない」

「林間学校に行っても、くだらない、なくてよい指導を受け、楽しくなかったと帰ってくることを君達は望むのか。そうだとしたら、行く価値はあるのか」

　私の目を見つめ、「そんなことは望みません」という意思を伝えようとする人が大半でした。

「ならば、一人ひとりがやるべきことに集中しなさい」

　その後、「本日の嬉しかったこと」を小さなことひとつ、大きなことひとつ話し、解散しました。

　行事は「参加すればよい」ものでもなければ、「行って帰ってくればよい」ものでもありません。行事後の生活の質が高まらなければ、どんな行事も、価値がないのです。体育祭も文化祭も三送会も、すべて同じです。■（学級通信「気愛」第52号）

　第一のポイントは、起きた事実をタイムリーに扱うことである。後になってからでは効果が激減する。

　第二のポイントは、何を考えるのかを限定し、明示することである。ここが発問となる。

　第三のポイントは、自身の考えを発表させることである。その際、時間が許すなら、書かせるとよい。要は教師の説教を削り、生徒に言わせるのである。

　第四のポイントは、今後何をするかをはっきりさせることである。教師の一言でよい。

　第五のポイントとして、指導の最後には、気持ちが上向きになるエピソードを入れたい。

　この指導の翌日には、考えを綴った日記が多数提出された。指導を経て、考えがどう変わったか。生徒個々の思いを知るためのツールとして日記が役に立つ。

　私は指導の多くはこの型で進めてきた。

（埼玉県熊谷市・奈良中学校）

「他者との合意形成」を問うテーマと発問ヒント
身近な題材を選び議論させる
考え、議論させるためには本気にさせることが重要

小野隆行

一　合意形成が目的ではない

道徳授業のポイントは次の通り。

> 「答えが一つではない課題に子供たちが道徳的に向き合い、考え、議論する」道徳教育への転換により児童生徒の道徳性を育む。
> 『平成28年5月27日教育課程部会考える道徳への転換に向けたワーキンググループ資料4「道徳教育について」』

「考え」「議論する」ような授業展開が望ましいと言える。

その時に、気をつけるべきポイントとして次のことがあげられている。

> ・「自分ならどうするか」という観点から道徳的価値と向き合うとともに、自分とは異なる意見をもつ他者と議論することを通して、道徳的価値を多面的・多角的に考える。
> ・他者との合意形成や具体的な解決策を得ること自体が目的ではなく、多面的・多角的な思考を通じて、道徳的価値の理解を自分自身との関わりの中で深める。
> （前記ワーキンググループ資料4）

つまり、「合意形成」を得ることを目的とするのではないということだ。よって、勝ち負けのあるディベート形式はなじまない。

また、科学的な根拠に基づいたことを最後に教師が示し、こちらが正しいと締めくくることも授業が目指している形ではないということだ。

結果ではなく、その過程の話し合いや他者の考えや意見を自分の考えと比較することが目的となる。

ただ、結果的に合意形成に至ってはいけないということではない。そういうこともあって当然だ。あくまでも合意形成を目的としないということを押さえておく必要がある。

二　答えが一つではない課題

また、前記ワーキンググループ資料4について②では、課題について次のような記述がある。

> これらにより、特定の価値観に

基づいた結論へと導くような道徳の授業ではなく、充実した質の高い教科書を活用して、「正義」とは何か、「権利」と「義務」とは何だろう、「科学技術の発達と生命倫理」など、答えが一つではない課題を子供たちに投げかけ、子供たち自身が考え、議論する道徳へと転換を図ることを目指す。

ただし、例としてあがっている「権利と義務」や「正義」などのページをみると、現場の感覚からして、どうも答えが分かれるとは思えない。

取り上げる題材や発問の中身などは考える余地があるだろう。

三　身近な題材を選んで発問する

「考え議論する」ためには、児童生徒が本気で考えられるような題材や発問が必要である。

例えば、小学生であれば次のような題材が考えられる。

① 小学生がスマートフォンをもつ必要はない。
② いじめは、傍観者も加害者になる。
③ 小学生には、毎月のおこづかいは必要ない。
④ 友達をあだなで呼ぶのはよくない。

これらの題材は、同じ資料④の中に出されている内容から、発問化したものである。

「いじめ」や「スマートフォン」に関する内容は、小さな頃から繰り返し扱いたい。②の内容は、小学校高学年から中学生向きであろう。

四　中学生はさらに本気にさせる

中学生に議論させるなら、自分たちの身近で、ついムキになって話したくなるような題材を選びたい。

先ほどの小学生の例と同じ内容で、中学生向けの発問にするなら次のようになるだろう。

① スマートフォンは、夜になると親に預けるべきだ。
② いじめの加害者は、名前を公開されるべきだ。
③ 自分のこづかいを少しぐらいなら友達に貸してもよい。

④の友達との関係に関することは、思春期特有の悩みなどを事例をもとに取り上げるなど、リアリティをもたせたい。

また、中学生なら、校則を扱ってもよいだろう。そこから、権利と義務を考えさせる。

（岡山県岡山市・西小学校）

「具体的解決策」を問うテーマと発問ヒント

―指導要録の「行動の記録」を具体的なテーマにし、「自分だったら、どんな行動をとりますか?」で解決策を共有させる

千葉雄二

「答えが一つでない課題に子ども達が道徳的に向き合い考え、議論する道徳教育」が「特別の教科　道徳」の方針である。

授業の中で、自分の考えをもち、友だちと考えを共有化することで、新しい解釈が増える。

このような道徳の授業を目指すことで、正しい価値観とそれに対する対応策や解決策を、子ども達が具体的に獲得していくことになる。

「学校のモラル」「教室のモラル」は様々ある。

モラルは、繰り返し教えられる必要がある。

だから、「生活指導目標」や「○○スタンダード」といったものが各学校で掲げられている。

指導場面でも、「今月の目標は、廊下は静かに歩こうですよ」「○○スタンダードに書いてあるでしょう」などといった声を耳にする。

大切なことは、意識させ、繰り返し指導することが必要だ。

しかし、「決まりがこうなっているから守ろう」という指導では、子ども達の心にはとどきにくい。

もう一歩突っ込んで、子ども達に主体的に考えさせたい。

指導要録には、「行動の記録」がある。

現在の項目は、①基本的な生活習慣②健康・体力の向上③自主・自立④責任感⑤創意工夫⑥思いやり・協力⑦生命尊重・自然愛護⑧勤労・奉仕⑨公正・公平⑩公共心・公徳心である。

教師は、以前から道徳を評価してきたのである。

さて、「教室のモラルに問いかけるテーマ」は、「生活指導目標」や「○○スタンダード」やこの指導要録の「行動の記録」をリンクさせ、具体的に考えることをお勧めする。

テーマのヒントになるのは、向山洋一氏の「第二通知表」という実践である。

これは、通知表(あゆみ)のほかに、子どもの実力は、テストによって見える部分も大切だが、テストでは見えない部分も大切だという考えから、子どもが自己評価し、教師も評価するという通知表だ。

例えば、「授業中手をあげました

あゆみパート2　　年　組　番 名前

評価《ひょうか》の観点《かんてん》	学期《がっき》	自分《じぶん》	先生《せんせい》	ひとことでいうと
①授業中《じゅぎょうちゅう》すすんで発表《はっぴょう》をしましたか	1	ABC	ABC	
	2	ABC	ABC	
	3	ABC	ABC	
②わからない時《とき》、友達《ともだち》や先生《せんせい》に聞《き》きましたか	1	ABC	ABC	
	2	ABC	ABC	
	3	ABC	ABC	
③勉強《べんきょう》していることを本《ほん》やパソコンで調《しら》べましたか	1	ABC	ABC	
	2	ABC	ABC	
	3	ABC	ABC	
④先生《せんせい》の質問《しつもん》にあれこれ考《かんが》えましたか	1	ABC	ABC	
	2	ABC	ABC	
	3	ABC	ABC	
⑤鉄棒《てつぼう》や漢字《かんじ》など苦手《にがて》なことをがんばりましたか	1	ABC	ABC	
	2	ABC	ABC	
	3	ABC	ABC	
⑥今《いま》まで嫌《きら》いな勉強《べんきょう》で好《す》きになったものはありますか	1	ABC	ABC	
	2	ABC	ABC	
	3	ABC	ABC	
⑦「まかせておけ！」という得意《とくい》なものがありますか	1	ABC	ABC	
	2	ABC	ABC	
	3	ABC	ABC	
⑧いろいろな本《ほん》を読《よ》みましたか	1	ABC	ABC	
	2	ABC	ABC	
	3	ABC	ABC	
⑨ノートはていねいに書《か》いていますか	1	ABC	ABC	
	2	ABC	ABC	
	3	ABC	ABC	
⑩漢字練習《かんじれんしゅう》を毎日《まいにち》やっていますか	1	ABC	ABC	
	2	ABC	ABC	
	3	ABC	ABC	

A・・・すばらしい　B・・・まあまあ　C・・・もうすこし

あゆみパート2　　年　組　番 名前

評価《ひょうか》の観点《かんてん》	学期《がっき》	自分《じぶん》	先生《せんせい》	ひとことでいうと
⑪休《やす》み時間《じかん》は汗《あせ》をかくほど遊《あそ》びましたか	1	ABC	ABC	
	2	ABC	ABC	
	3	ABC	ABC	
⑫仲《なか》のいい友達《ともだち》はいますか	1	ABC	ABC	
	2	ABC	ABC	
	3	ABC	ABC	
⑬「ありがとう」などのお礼《れい》を言《い》われたことがありますか	1	ABC	ABC	
	2	ABC	ABC	
	3	ABC	ABC	
⑭「〇〇会社《かいしゃ》・サークル」の仕事《しごと》を工夫《くふう》しましたか	1	ABC	ABC	
	2	ABC	ABC	
	3	ABC	ABC	
⑮何《なに》かチャレンジしたものはありますか	1	ABC	ABC	
	2	ABC	ABC	
	3	ABC	ABC	
⑯当番《とうばん》などの仕事《しごと》を終《お》わりまでやりましたか	1	ABC	ABC	
	2	ABC	ABC	
	3	ABC	ABC	
⑰分《わ》からない人《ひと》に教《おし》えたり、はげましたりしましたか	1	ABC	ABC	
	2	ABC	ABC	
	3	ABC	ABC	
⑱「おはようございます」などのあいさつができましたか	1	ABC	ABC	
	2	ABC	ABC	
	3	ABC	ABC	
⑲家《いえ》で学校《がっこう》のことを話《はな》しましたか	1	ABC	ABC	
	2	ABC	ABC	
	3	ABC	ABC	
⑳前《まえ》の自分《じぶん》と比《くら》べて、努力《どりょく》するようになりましたか	1	ABC	ABC	
	2	ABC	ABC	
	3	ABC	ABC	

A・・・すばらしい　B・・・まあまあ　C・・・もうすこし

か（A毎日、Bときどき）」「わからないとき、友だちや先生に聞きましたか」など。

これは、非認知能力を可視化している。

この実践を知り、次のように改良し、毎年、行っている。

この項目をテーマに、道徳の授業でも話し合いが可能になる。

例えば、「おはようございますなどのあいさつができましたか」ということに対して、「自分だったらどのように行動しましたか？」と聞き、具体的に考えさせるのである。

具体的に行動を振り返ることで、自己評価が可能になる。

クラスの中で、「こうやってみた」「こうやるとうまくいく」ということを共有することで、望ましい行動がイメージできるのである。

そして、たくさんの解決策の中から、意思決定させる。

「友だちの意見を聞いて、自分だったらどんな行動をとりますか？」

同じように、生活指導目標や「〇〇スタンダード」の項目を道徳の授業でテーマ化することができる。

教室で問題行動を起こしてしまう子は、具体的なイメージが乏しい。

授業で望ましい行動をたくさん入力することで、出力が可能になる。

（東京都小平市・小平第四小学校）

「著名人」を題材にした発問づくりのヒント

その人の「志」を問う

▼岡 拓真

1 授業づくりのモデル

道徳の授業をつくる際、TOSS中学代表、長谷川博之氏の組み立てに強く憧れる。

実際に授業を行う場合、多くは、長谷川氏の指示・発問通りそのまま行う「追試」の形を取るが、生徒の実態や学年によって文言を変えて行う。

長谷川氏の授業は、

誰でも容易に答えられるものを問う

ことから始まる。一般的に行われている、最初に生活経験を問い、資料を読み、主人公の気持ちを問うという流れは、TOSSの道徳授業にはない。

例えば、次の発問は、長谷川氏の道徳授業、「テストジャンパー」の導入部分である。

（オリンピックのマークを提示して）

> 発問1「何のマークですか。」
> 発問2「現在行われている近代オリンピックは、1896年から始まりました。これまでに何回開催されたと思いますか。」（52回）
> 発問3「そのうち、日本の参加は何回でしょうか。」（46回）
> 発問4「その参加したオリンピックで、合計で獲得した金メダルは何個だと思いますか。」（152個）

パワーポイントのコンテンツを提示しながら、ここまでで2分弱。オリンピックに関する基本的な情報を、列指名や挙手で数字を確認しながら、楽しいやり取りで一気に生徒全体を巻き込んでいく。

その後、記念すべき100個目の金メダルが、1998年長野オリンピック、スキージャンプ競技の男子団体であることが明らかになる。導入のここまでの部分で、扱いたい人物の背景や状況設定を、発問を通して理解させていく。

長谷川氏の授業に、パラリンピックを題材に扱った、「車イスランナー伊藤智也氏」の授業がある。

導入は次の発問から始まる。

> 発問1「何のことか分かったら手を上げます。」

（画面に順に言葉を提示する）

> ①約3000年続いている。
> ②国同士の闘い。
> ③夏と冬行われる。
> ④世界的なスポーツの祭典。

全員が答えられる発問で全体を注目させ、オリンピックと同じ周期で行われるパラリンピックのマークを紹介する。画面には、パラリンピックの種目のロゴマーク（ピクトグラム）を提示し、次の発問でパラリンピックの種目にはどんなものがあるのかを考えさせる。

オリンピック選手を扱った授業だけでなく、長谷川氏の導入の流れは、他の題材の授業にも広く応用できると考える。

2 映像を活用する

副読本などの資料を読み聞かせるだけでなく、題材で扱う人物の映像を提示する。現在は、YouTubeなどのインターネットのサイト上に数多くの映像が掲載されている。著名人の映像なら、容易に見つけることができる。

長谷川氏の「テストジャンパー」後半は、前回のリレハンメルオリンピックの銀メダルの雪辱を果たそうとする選手と、選手を支えつつも、日の目を見ることのないテストジャンパー達の葛藤が紹介される。

輝かしい活躍をする選手の陰で、選手達を支えたテストジャンパーが実際に感じていたことを吐露するインタビュー映像、恐怖と戦いながら当日のテストジャンプを成功させる映像を用いることで、後に流れる原田雅彦選手の大ジャンプの映像がより引き立てられる組み立てになっている。

長谷川氏の授業では、オリンピック当日最後のテストジャンパー、西方仁也選手のインタビューの内容を問う発問がある。

私も場合によって、原田選手のジャンプ後のインタビューのコメント、「（金メダルを取れたのは）俺じゃないんだ。みんななんだ…」の部分を流し、「みんなとは誰ですか」と発問を加える。これも、YouTubeから用いた映像である。

本人が実際に話したり、本人を知る人が話したりしている映像には、やはり説得力がある。単に教科書・副読本を読むだけの授業とは、生徒の受け止め方は大きく異なり、それが授業の感想に表れる。

3　発問で何を問うのか

道徳の教科書には、各社多くの著名人が掲載されている。歴史上の偉人から、現在も活躍するスポーツ選手まで、国内外から様々な分野の第一人者が紹介されている。

長谷川氏の道徳授業では、以下の人物が扱われている。

塙保己一、杉山龍丸、深沢晟雄、中田厚仁、硫黄島を守った方々、大棟耕介氏、秋元義彦氏、相原巧志氏、伊藤智也氏等、全て日本人である。

これらの人物には、次の共通点がある。

1　自分以外の誰かのために、命、人生を捧げた。
2　自分の志を遂げるために努力を惜しまなかった。

これが、長谷川氏が伝えたいと願う、「日本人としての生き方」のモデルであり、それを、授業という形で伝えるのが教師の役目である。

授業では、発問することによって、その人物の「生き方」に迫りたい。著名人の伝記を扱うならば、その人物が生徒と同じくらいの時、何を考え、どんなことをしていたのかを問う。

例えば、次のような発問の流れが考えられる。

○○（扱う人物）の志は何ですか。

志とは、夢・目標と捉えてもよいが、「生きる目的」としておさえさせる。

そして、次のことを問う。

その志は、今の日本ではどのような形になっていますか。

教師自身がその人の「生き方」に、強く憧れていること。そこから道徳の授業づくりが始まる。

（宮城県石巻市・湊中学校）

「偉人」を題材にした発問づくりのヒント

▼高遠英俊

(1) 相手のことを真剣に考えよう。
(2) 弱いものを大切にしよう。
(3) 世のためになることをしよう。
(4) まず自分にできることをしよう。
(5) 先人に学ぼう。

今まで「西郷隆盛」「八田与一」「渡邊嘉一」「代田稔」の偉人の授業をつくった。

日本人にはあまり知られていない日本の偉人を授業化してきた。その理由として、日本のみならず、海外での日本人の功績は目を見張るものがある。

しかし、その偉人たちの功績の文献が無く、埋もれている。それではもったいない。日本人の気概を子どもたちに伝えるために授業をつくった。

だからこそ、文献を探し、道徳の「偉人」の授業をする。

その中でも一番頭を悩ますのは、発問づくりである。

発問づくりのために下準備をする。

1　授業用ノートの作成

授業専用のノートをつくる。多くの情報をノートに記したり、資料を貼り付けたりするためである。どんどん書き込んでいくと偉人たちの生き方が見えてくる。

2　資料を集める

授業づくりのために資料を集める。

本を購入する。図書館にも足を運ぶ。

その中で、偉人たちの行動で魂が揺さぶられた所をノートに書く。

時代が動いた場面が必ずあるはずだ。

自分の中で、思いつかない場面や行動などをノートに書いていく。

また、資料を集める時に、偉人に影響を与えた人を探すようにした。そこを見逃さない。

3　偉人のゆかりの地に行く

「八田与一」(注)の授業をつくるにあたり、故郷である石川県に行った。

八田与一の生家を見たり、ゆかりの地に行ったりすることで、感じ方が変わってくる。

本で読んで想像しても、やはり限界がある。

偉人たちが吸っていた空気を同じように吸うことで授業に厚みも出て、醸し出す雰囲気も違ってくる。

4　人間の生き方を教える

向山洋一氏の提唱する「人間の生き方五原則」を包括する。

このことを踏まえた上で「偉人」の授業の発問をつくる。

以上4点を基盤に「発問づくり」に入る。

ここで大切なのは「変容」である。

①　数値の変容

膨大な資料の中に必ずと言っていいほど、きらりと光る一文が見つかる。

例えば「八田与一」の授業で

いえば「水をくみに行くのはどのくらいの時間がかかりましたか。」（歩いて2時間）

② 偉人の心の変容

偉人たちが目標を掲げて奮闘する姿を追う中で、必ず大きな確変が起きる。その部分を取り扱う。

例えば「八田与一がダムづくりにあたり、解雇したのは日本人か台湾人か。」（日本人）※理由はダムを使うのは台湾人だから。

③ 偉人を取り囲む周りの変容

偉人たちの行動力に感化され、周りの人々の意識も変わってくる。その部分を取り扱う。

例えば「八田与一がダムをつくろうと村人に呼び掛けた時、賛成したか反対したか。」（反対）↓八田の誠意ある姿から村人は賛成に変わる。

私はこの3点を意識して発問づくりをする。もちろん、以前に述べた四つの基盤が大切である。

偉人の気概を探し、「徳」の部分を授業化する。

そして、偉人を授業することで「気概」に触れ、自分自身の「生き方に」反映させたい。

そのためにも、子どもたちの心に響く発問が大切である。概念を変えることができればさらに良い。

これからも、偉人の授業づくりに励んでいく。

(注) 台湾でダムをつくった。台湾では銅像が立っている。

（愛知県公立小学校）

「先人の名言」を題材にした発問づくりのヒント

「自分なら」と問うときは「立場」を明確にさせる

▼鶴本百合子

1 「考え　議論する道徳」

今年八月に行われた、熊本県立教育センター指導主事による講話では、「考え、議論する道徳」について、次のように説明がなされた。

> 自分との関わりで考え、自分と違う考え方に出会わせる。

「考え」という部分が、「自分との関わりで考えさせる」こと、「議論する道徳」が、「自分と違う考え方に出会わせる」ことという意味である。

では、授業では、どのような発問や指示になるかを考えた。

> 1　教材について、考えを深めたのちに、「自分なら」という発問をする。
>
> 2　いくつかの考え方に分かれる発問をする。

2 授業の実際（中一）

『私たちの道徳　中学校』版に『二通の手紙』という題材がある。

市営動物園の終了時刻は午後四時。数分回ったところで来た客を断るか、入れるか。動物園の職員が言い合う場面から始まる。

「絶対に入れてはいけない」と言い張る職員には、あるつらい思い出があった。「元さん」という先輩職員が、かわいそうな二人の姉弟を、時間外に入れてあげたことで、大問題になり、結果、辞職することになったのだ。

今、推進されている「考え、議論する道徳」では、次のような授業の流れになることが多い（いくつかの研修会で出された発問の案の例）。

規則を破って姉弟を入園させた元さんには、「二通の手紙」が届いた。「懲戒通告」と、「母親からの感謝の手紙」である。

> 1　なぜ、元さんは規則を破ってまで姉弟を入園させたのか。
>
> 2　母親からの感謝の手紙を読んで、元さんはどう思ったのだろうか。

この教材では、「姉弟を入園させたかった」という、元さんの「義理人情、思いやり」の気持ちと、「規則を守ることの大切さ」という価値が対立している。元さんの判断を通じて、それらの価値項目について、考えを深められる。

> 3　自分が元さんの立場だったら、このようなとき、どのように対応すると思うか。

この発問では、「元さんの立場だったら」という言葉を入れている。

その理由は、昨年、中学一年生に授業したときに、「元さんの行為に賛成か、反対か」と問うたところ、圧倒的に「賛成」が多かったからである。

姉が、幼い弟の誕生日のために、動物園に連れていきたかったという気持ちに同情し、「規則やきまり」よりも、その姉弟愛に感動した生徒が多かった。

「反対」と主張し、「もし、事故が起こっていたらたいへんな結末になった」「規則を破ることを許してしまったら、この姉弟にとっても、悪い影響になる」などと発言した生徒は、理屈の通った意見を言っていた。

しかし、「賛成」と主張し、「結果的に事故はなかったし、母親も感謝しているから」「元さんも、自分の行動を後悔していないから」と発言した生徒の意見は、感情的な意見が多かったが、反対意見を押していた。

そこで、今年の授業では、先の発問に換え、「自分が元さんの立場だったら」とした。

結果は、昨年と違って、動物園に入れる」と答えた生徒が四割、「動物園には入れない」と答えた生徒が六割であった。

そこで、発問を作るうえで大事なのは、次のことだと考えた。

> 「自分のこと」として捉えさせるときには、具体的な場面を描けるように発問すること。

自分一人だけがきまりを破るのではなく、他の多くの人がきまりを破ったらどうなるかを最後に考えさせたい。

さらに、厳しい規則を作った武田信玄のエピソードなども紹介すると、規則の大切さについて深めるきっかけになる。

3　授業の実際（中三）

『私たちの道徳　中学校』版にもう一つ、議論できる題材がある。

『二人の弟子』である。

この教材には、仏門で修行する二人の弟子の、対照的な生き方が描かれている。

一人は意志の弱さから修行を投げ出し、人生の苦しみの中で自分の愚かさに悲嘆する道信。

もう一人は、厳しい修行に耐え抜き、立派な僧侶に成長したが、舞い戻った旧友道信を許せない自分の醜さに苦悩する智行である。

八月にあった道徳の研修会で出された主発問には、次のようなものが多かった。

> ・気高い白百合を見つめながら涙をこぼさずにいられなかった智行の気持ちはどのようなものだったか。
> ・「人は皆、自分自身と向き合って生きていかねばならないのだ」という上人（師匠）の言葉には、上人のどんな気持ちが込められていたのか。

右のような発問は、生徒の実態に沿っていないように感じた。

それは、白百合という植物を見て、涙を流さずにはいられなかった智行のような体験を経験している生徒が少ないからである。学校によって実態は違うとは思うが、中学生一般としても、このような体験をしている中学生は少ないのではないか。

また、上人の言葉も、抽象的すぎる。

そこで、次のような発問の方が、生徒が具体的に考えるうえではよいのではないかと考えた。

> ・あなたが上人ならば、修行から逃げ出した道信を許しますか。
> ・あなたが上人なら、修行から逃げ出した道信にどのような言葉をかけますか。
> ・あなたが上人なら、道信を許せない智行にどんな言葉をかけますか。

（熊本県球磨郡多良木町・多良木中学校）

「いじめ」を題材にした発問づくりのヒント

▼兵藤敦人

1 教科書の題材分析

文科省の副読本「私たちの道徳」を中心に述べる。

いじめは、よく「いじめる人」「いじめられる人」「傍観者」の三つに分かれると言われている。子どもたちがどの立場になったとしても、それを打破する力や勇気を育んでいくならば、その三者の立場を描いた教材が必要である。

しかし、低学年・中学年・高学年、そして中学校と全部で四冊発刊されているが、「いじめ」「傍観者」について扱っている箇所は各巻で二つずつ、読み物教材は全巻合わせて五つしかない。内容を見ると、意図せずに「仲間外れ」にしてしまっている話が多く、いじめを扱っていると断定できる教材は低学年に一つ、中学校に一つしかない。どの学年でいじめをどのような角度から取り扱うのか、先述の三つの立場も意識しながら、系統性を考える必要もあるだろう。選んだ教材で何を指導するのかを意識して発問づくりをするべきである。

2 発問づくりのヒント

①途中で切る。

発問づくりとは少し異なるが、読み物教材で道徳授業をつくる際には、途中に教材文を切って提示すると効果的な場合がある。道徳の読み物教材を与える際に、教科書だと当然結末まで載ってしまっている。結末まで読んでしまうと、どうしても子どもたちの思考は結末に影響されてしまう。手間ではあるが、途中で切ったものを印刷して配布することで、本文の結末にとらわれずに、先を予想したり、自分だったらこの後どうするかなど考えたりすることができる。

②あなたならどうするか。

文科省が例示している指導法の一つに「読み物教材の登場人物への自我関与が中心の学習」とある。自我関与とは、登場人物の立場になり、自分自身のこと（あるいは関わりが深いもの）として認識することである。とはいっても、発達段階にもよるが、物語中の登場人物の行動・心情を自分ごととしてとらえるのは、なかなか難しい。

そこで有効なのが、「あなたならどうしますか」という発問である。この発問により行動選択を迫られることになる。完全になりきることはできなくても、子どもなりに自分に置き換えて想像し、自我関与が深まるだろう。

③〇〇の行動をどう思うか。

登場人物の行動について、批判させる。客観的視点でとらえさせた後に、②の発問のように自分ごととして考えさせると、理想と現実のずれに気づくことができる。意見を述べさせる時には、理由も含めて発表させるとよいだろう。

④なぜ〇〇した（しなかった）のだろうか。

第三者から見て賛否がある（あるいは反対しかない）その行動をなぜ登場人物はした（しなかった）のか。その点を考えさせることで、登場人物の心情の葛藤についても考えさせることができる。③の発問とセットで考えさせてもよいだろう。

⑤賛成か反対か。

③の発問と似ているが、登場人物の行動や判断について「賛成」「反対」と二つの立場に限定することで、討論がしやすくなる。対話を通して互いに意見を交えることで、学びもより深くなっていく。

⑥読んで感想を書かせる。

教材の文章が分かりやすい、あるいは力のある文章ならば、読んで感想を書かせるだけでも授業になる。感想を発表させることで、自分とは違った考えに触れることもできる。

⑦どの場面でどうしたらよかったか。

読み物教材の中にはバッドエンディングを迎えるものもある。そういった場合に「どうしたらよかったか」と発問することで、問題点が浮き彫りになると同時に、解決策（＝正しい道徳的行為）についても検討することができる。

いじめ問題を扱った教材文の場合、いくつもの事件が起こる。どの事件の時であっても、登場人物が違った行動をしていれば、違った結果になる（これは現実世界のいじめでも同じことが言えるだろう）。

3　授業例　低学年『あなたがうさぎさんだったらどうするでしょう』

【概要】

おさるさんが、同じクラスのライオンさん達に無視されている。うさぎさんはおさるさんに話しかけようとしたが、ライオンさんに「なぜおさるさんを無視しないのか」と言われ、結局おさるさんに話しかけられなかった。うさぎさんの心の中には「もやもや」が残った。

【展開】

①音読

②発問「うさぎさんがおさるさんを無視したことについて、どう思いますか」

子「いけないことだと思います」「うさぎさんも本当は……、」

③発問「なぜ、うさぎさんはおさるさんを無視したのでしょうか」

子「ライオンさんがこわかった」「周りのみんながやっているから」

④発問「うさぎさんは、どの場面でどうしたらよかったのでしょうか」

子「ライオンさんに声をかけられた時に、勇気を出して『無視するのはよくない』って言えばよかった」「おさるさんに声をかけてあげればよかった」

⑤発問「もしうさぎさんのように、周りの友達から『無視しよう』と言われたら、あなたなら勇気を出して断れますか」

子「こわいかもしれない」「けれども、勇気を出して声をかけてあげたい」

いじめについて道徳授業でできることは疑似体験をさせることだと考える。「いじめがあった時に、勇気を出して立ち向かえるか」ということについて、授業を通して真剣に考えられるよう、発問や組立てを工夫していく。

（埼玉県三郷市・早稲田小学校）

「勇気ある人」を題材にした発問づくりのヒント

アニャンゴさんの生き方に学ぶ

▼山本雅博

アニャンゴこと向山恵理子さんは世界初の女性ニャティティ演奏者である。今、ケニアで最も有名な日本人だ。

ニャティティとはケニア・ルオ族に伝わる伝統的な楽器である。選ばれたルオ族の男性にしか弾くことが許されなかった。アニャンゴさんは世界で初めて免許皆伝された女性である。それも日本人でだ。

ニューズウィーク誌『世界が尊敬する日本人１００』（二〇〇九）でも百人の中に大きく取り上げられ、各種メディアで活躍を特集された。二〇一六年八月には戦後七〇年と国連創立七〇周年を記念して東京・広島・長崎の三都市で開催された「国連合唱団平和と希望のコンサート」に出演。二〇一七年には東久邇宮国際文化褒賞を受賞するなど、活躍は枚挙に暇がない。

ケニアの踊りとよさこいソーランが融合したニャティティソーランは全国の運動会、教室、社会貢献活動で踊られ、活動は発展を続けている。四冊の書籍は学校図書館や学級通信でも紹介され、全国に広がっている。

アフリカ文化の普及やスラムの子どもたちの教育改善運動、日本ケニア文化親善大使としての活動など、国内はもちろん世界的に活躍する一人の若い日本人女性の生き様は、教材としても超一級である。

アニャンゴさんを題材に、「夢の実現」をテーマにした道徳授業をした。

アニャンゴさんの写真（ポスターを額に入れた）を持って、

アニャンゴさんといいます。アニャンゴ、言ってごらん。（アニャンゴ）

日本の名前は向山恵理子さんです。向山恵理子。（向山恵理子）

楽器を持っています。何という楽器か知っている人？　いませんね。ケニアの伝統楽器でニャティティといいます。ニャティティ。（ニャティティ）

アニャンゴさんはケニアの伝統楽器、ニャティティの奏者です。今日はアニャンゴさんの生き方に学びます。

「ＧＬＯＶＥ」（朝日新聞日曜版、二〇一六年一月三日付）を配付する。一四ページを開く。

先生が読みますから、目で追って読みなさい。

教師が読み進める。「１週間足らずで帰国し、バンドは解散した。」まで読む。

発問　あなたならどうしますか。あきらめる？　あきらめない？

テンポよく聞き、挙手させる。

教師が読み進める。「女性にニャティティは教えられない。それが答えだった。」まで読む。

発問　あなたなら、あきらめる？　あきらめない？

テンポよく聞き、挙手させる。

さらに教師が読み進める。

映像で見てみましょう。

テレビ番組「世界人」を視聴する。約四分（GLOBAL WORK「世界人」＃029アニャンゴ。インターネットでも視聴できる。アニャンゴさんのケニア修業や世界での活躍の映像がコンパクトに収録されている)。

隣同士で感想を言いなさい。

その後、指名なし発表で感想を次々に発表させる(立った人が発表できる。次、次と、お互いに譲り合いながら、一人ずつ立って発表していく)。

はじめはロックミュージシャンを目指した向山恵理子さんでしたが、アメリカには行けず、ケニアの音楽と出会いました。そして、世界で初めて女性のニャティティ奏者になりました。

発問　夢や目標を叶える、コツは何ですか。

ノートに書きなさい。

アニャンゴさんの生き方を参考にして書かせる。

ある程度書けたら、隣同士で交流させてもよい。その後、指名なし発表をする。

アニャンゴさんは『新夢をつかむ法則』の中で十二の法則を書いています。読んでみましょう。

『新夢をつかむ法則』(向山恵理子著、学芸みらい社)の巻末にある、夢をつかむ十二の法則をプリントして配る。十二の見出しを読ませる。

十二の法則から一つ選んで、黙読しなさい。

教室はシーンとなって読み進める。早い生徒にはさらに読ませる。

生徒が自分の夢や目標を実現するために、より具体的な努力ができるよう、向山洋一氏の夢を実現する三原則を紹介する。

新聞にも登場した、アニャンゴさんのお父さんは、学校の先生です。お父さんの向山洋一先生は、教育の本を日本で最も多く書いた先生です。父親の洋一先生は、夢を実現するには三つの原則があると言っています。

一つ目。「夢を描く。」

ノートに書かせる。

夢や目標を描かなければ始まりません。

発問　今のあなたの夢や目標は何ですか。

ノートに、今の自分の夢、目標を書かせる。どんなことでもよいと言う。勉強での目標、生活や部活動でもよいと言う。身近であるほど生徒は書き出せる。将来の夢が一番よい。

隣同士で交流したり、恥ずかしがらずにできる学級ならば、指名なし発表をさせてもよい。

二つ目。「努力する。」

ノートに書かせる。

発問　夢や目標に向かって、何をしますか。できるだけ書き出しなさい。

ノートに書かせ、交流、発表する。

発問　三つ目。何だと思いますか。

何人かに指名する。すべて明るく肯定的に対応する。

三つ目は「狂気」です。なんでそこまで頑張るの？　と思われるくらいの努力です。アニャンゴさんがそうだったように。

授業の感想を書きなさい。

道徳の校内研修講師として招かれ、飛び込みで授業した教室でもこの授業をした。指名なし発表は初めてという生徒たちだったが、全員が発表した。

アニャンゴさんを紹介したテレビの映像は、二〇一七年一月二日に放映された「2017年実はこの人…世界オンリーワン」(TBS)もおすすめだ。

(北海道小樽市・向陽中学校)

「情報モラル」を題材にした発問づくりのヒント

▼許　鐘萬

1　どんな資料に出会わせるか

道徳の時間や学校生活の中で子供たちはさまざまな「資料」に出会う。子供たちにとって、出会う「資料」が何らかの影響を持つのは違いない。

できることなら心に響く「力のある資料」に出会わせたい。「力のある資料」をカリキュラム化し、どの子にもちゃんと出会わせてあげたい。

その際、発問をどうするか。

余計な発問はしない

読み聞かせるだけでいい。

映像なら見せるだけでいい。

「力のある資料」は、それだけで子供たちの心に響く。

出会わせるだけでいい。

この場合「評価」ができない。どんな資料に出会わせたかを説明するだけになる。したがって「履修型」の学習となる。

2　「知識」を教える

スパムメールは開けない。

怪しいボタンは押さない。

見おぼえのない請求書を送るというメールはクリックしない。

このような場面で冷静に判断できるのは「知識」があるからである。知識がないとパニックになってしまう。

情報モラルについては、道徳の授業で「知識」として教えることが大切だ。

その際、具体的な事例をもとにして教えるようにする。

小学校高学年を対象に「ユーザーIDの取り扱い」について授業した。

私が勤務している兵庫県姫路市では「事例で学ぶNETモラル」という学習パッケージが配信されている。

サイトにアクセスすると、子供たちが巻き込まれやすいトラブルや事例をアニメーションで見られる。その中で「ユーザーIDを見知らぬ相手に教えてしまう」という事例アニメを子供たちに見せた。

> 主人公の女の子（中学一年生）がいろんな友達とゲームで遊びたいという要求にかられる。プレイヤーのプロフィール一覧を見て、自分と同じくらいの年齢のプレイヤー（中学一年生の女子）に連絡をとる。そのプレイヤーから「一緒に遊べるからIDを教えてほしい」と返信がくる。主人公はすぐに自分のIDを教えてゲームの中で遊ぶようになる。

よくある事例だ。

事例アニメを途中で止めて、次のように発問した。

発問1　この後、どんなことが起こると思いますか。

大人ならすぐに「事件が起こる」と考える。情報モラルの知識があるからだ。

子供たちはどうか。

「仲良く遊べたと思います」

「友達がもっと増えて喜んだと思います」

楽観的な意見がたくさん出た。

ひと通り発表させた後、事例

アニメの続きを見せた。

> ＩＤを教えた後、主人公は個人的な連絡も取り合うようになる。クラスで流行っているもの、よく買い物するお店などの話で盛り上がる。ところが、自分と同じくらいの年齢だと思っていたプレイヤーの正体は、大人の男性だった。正体を知らない女の子は次々と個人情報を教えてしまう。やがて住んでいる場所まで特定されてしまうことになる。

楽観的な意見を発表した子供たちは驚いていた。

ちょっとしたことが大きな事件やトラブルに発展してしまう。

続けて次のように発問した。

> 発問２　どの時点なら事件（トラブル）を防げましたか。

この事例アニメーションの場合でいうと「ＩＤを教えて」と言われた場面だ。

見知らぬ相手にユーザーＩＤを教えてしまったところがターニングポイントである。

場面を特定し、必要な「知識」を教える。

「ユーザーＩＤを見知らぬ相手に教えない」

知識を教えた後、さらに次のように発問した。

> 発問３　どうすればよかったのですか。ほかの方法を考えなさい。

多様な考え方が出る場面だ。

ＩＤを教えてはいけないことは学んだ。しかし、友達と遊びたいという想いもある。

ＩＤを教えずに友達と遊べる方法はないか。

二者択一の思考方法ではなく、どちらもうまくいく方法を考えさせた。自由に発表させ、どの意見も褒めて認めた。

授業後、子供たちは「ほかの事例も知りたい」と言っていた。

3 「知識」をテストする

知識はテスト可能である。

テストすると「評価」できる。

隣同士で言わせるなどの簡単なテストでもいい。

ただ、テストに合格して知識を身につけた子が道徳的な行動をとるかどうかはわからない。

あくまで、道徳の授業の「ある一部分」をテストするだけだ。

前述した「事例で学ぶＮＥＴモラル」には「ＮＥＴモラル検定」というシステムもセットになっている。

カリキュラム化された知識を、検定という形で評価できるようになっている。

教科書の教材と合わせて使うと効果的だ。

文科省のホームページで次のようなサイトも公開されている。

> 情報モラルに関する指導の充実に資する〈児童生徒向けの動画教材、教員向けの指導手引き〉・〈保護者向けの動画教材・スライド資料〉等
> http://www.mext.go.jp/a_menu/shotou/zyouhou/1368445.htm

内容は次の通り。

①動画教材（動画へリンク）
②教材静止画概要資料（教師用）
③指導の手引き
④ワークシート

本稿で紹介した発問もセットで使うと熱中する授業展開になる。

（兵庫県姫路市・英賀保小学校）

「伝統文化」を題材にした発問づくりのヒント

▼松藤 司

日本の年中行事が教科書に取り上げられるようになった。

しかし、行事の由来や意味まで解説している教科書は少ない。

新年の始まり、正月行事は是非授業で取りあげたい。

> 1　お正月の前の日は大晦日です。大晦日の夜のことを「除夜」と言います。「除夜」の「除」は「取り除く」という意味です。何を取り除くのでしょう。

「除夜」だけでなく、「除日」という言葉もある。大晦日のことである。

「除」には、「古いものを捨てて、新しいものに移る」という意味がある。

子供から、「だから大掃除をするのか」と納得したような声が返ってくる。

> 2　除夜の鐘は一〇八鳴らします。これは人間には一〇八の悩みや苦しみがあるからという説があります。また、「四苦八苦」の四字熟語からできたという説もあります。「四苦八苦」から、どうして一〇八になるのでしょうか。

自然に相談が始まる。そのうち答えを見つける。

「四苦八苦」を数字に変えてみよう。

4989

数字と数字の間に、＋－などの記号を入れてみよう。一〇八にならないかな。

高学年なら発見する子がいる。

4×9＋8×9で一〇八になる。

除夜の鐘は、除夜に一〇七をつき、残りの一つは新年につく。

毎年聞いていた除夜の鐘も、その意味を知れば、また聞き方も違ってくるだろう。

> 3　お正月は「正しい月」と書きますが、何が正しいのでしょう。

「礼儀正しくするから」というのが出る。もちろん、そういった意味もある。

ここで、「睦月」を紹介する。親戚一同が集まって仲睦まじくする月であることを話す。

ただし、「正月」の「正」は「はじめ」という意味があり、「正月」は「一年の初めの月」という意味である。

実際には、一月一日からの三ヶ日をいう。

旧年が無事に終わったことに感謝し、新年を祝う行事が正月である。

> 4　昔、お正月は二回ありました。一月一日ともう一つは何日だと思いますか。

子供から、ほかの月かという質問が出る。同じ一月であることを告げる。

「月の形に関係あります」というと正解が出る。満月の日である。

ここで昔の暦、太陰太陽暦を紹介する。一日が新月、十五日が満月。

一月一日を「大正月」、一月十五日を「小正月」といったことを話すと、子供から、「だから、お正月というのか」という感心したつぶやきが出る。

そのとおりで、「お正月」という言葉は「大正月」から来ている。

5 お正月には鏡餅を飾ります。鏡はあるものに似ているので大切にされました。何に似ていると思いますか。

「みんなのよく知っているものです」「これがないと困ります」「みんなも外で遊べなくなります」などのヒントを言うと気がつく。太陽である。

「鏡と太陽、どこが似ていますか」と聞く。形が似ている、どちらも光る、という答えが返ってくる。

6 では、鏡餅も太陽に似ているからつけたのでしょうか。でも、鏡餅は二個飾ります。しかも、上の餅と下の餅は大きさが違います。

相談が始まる。太陽が出ているので正解は出る。

太陽と月の二つを表す。大きい餅が太陽で、小さい餅が月である。二つあるので、「福が重なる」という意味がある。

その昔、鏡は魂を象徴する神器であった。太陽と月に似せて、神様から生命力が授かるようにという願いが込められている。初日の出を拝むのも同じ意味がある。

7 鏡餅はお正月に家にやってくる年神様へのお供えですが、お正月が終わった後、どうしますか。

「食べる」が出る。

「大きなお餅、どうやって食べるの」と聞くと、包丁で切るが出るが、神様に供えたものなので包丁は使わないこと、木槌などで割って小さくすることを話す。

「これが昔の○○です。みんなの好きなものです」「今年ももらったんじゃないかな」とヒントを出す。お年玉である。

「へー」と驚く声も上がるが、「嫌だー」という声も上がる。

8 お正月の遊びにはどんな遊びがありますか。

結構知っている。こままわし・羽根つき・百人一首・すごろくなど。

昔、なぜお正月にこのような遊びをしたのか、由来を紹介したい。

①こままわし……芯が真っ直ぐでまわる姿から「お金がまわる」という意味があり、お正月にまわすと縁起が良いとされてきた。

②羽根つき……一年の厄をはね、子供の健やかな成長を願うため。羽根を落とした人の顔に墨をぬるのは、魔除けの意味がある。

③たこあげ……元々は中国で占いや戦の道具として使われていた。江戸時代には、男の子が生まれたお祝いとしてたこあげをした。たこが空を泳ぐように上がることは、一年を元気に過ごせるようにという願いが込められている。

(大阪府 NPO 教師と子どもの支援活動理事長)

教科書題材で考え合う発問例 ― リアル教室モラルを考え合う発問例

「善悪の判断について」考え合う発問例

赤木雅美

教科書教材一年「なにをしているのかな」のリアル発問

「しょうがくどうとく　いきるちから1」（日本文教出版）の「善悪の判断」を考えさせるための教材は、「6なにをしているのかな」である。

見開き一ページに「どうぶつしょうがっこう」の様子が掲載されている。

六月、小学校生活に慣れてきた一年生が、挿絵を見て、「よいこととわるいこと」の区別について、考えることができる教材となっている。

「年間指導計画案」には、主な発問として、次の五つが記してある（平成30年度版「小学道徳生きる力年間指導計画案」より引用）。

① みんなは学校で、どんなことをしていますか。
② 動物小学校のある日の様子です。よくないことをしているのは、どの場所にいる動物ですか。それはなぜいけないのですか。
③ よいことをしている動物を見つけましょう。
④ みんながよいことをしたなあと思ったのはどんなときですか。
⑤ してよいことか悪いことか、これからもよく考えて生活していきましょう。

発問①は、どの子も答えやすい内容である。まだ、かな文字が書けないため、口頭での発表となる。列ごとに指名するなどして、全員に発表させる。

・鬼ごっこをしています。
・かくれんぼをしています。
・お勉強をしています。

「どんなことをしていますか」と問われているのだから「○○をしています」と答えることを指導する。この時期の一年生には「学習規律」を繰り返し指導していくことも重要である。

発問②は、間違い探しのような感覚である。

・砂場にいるお猿さんです。
・運動場にいるきつねさんです。
・歩道にいるうさぎさんです。

「どの場所にいる動物ですか」と問われているので、「場所」を答えるのが正解である。つまり、「砂場です」「運動場です」でもよいことになる。

また、ここからは、一対一の問答で終わらせないための工夫が必要である。

まず、見つけた動物を鉛筆でぐるっと囲ませてから「なぜいけないのか」を考えさせる。

次に、ペアでのインタビューや班ごとでの発表をさせる。最後に、学級全体での話し合いへと拡げていく。

友だちの意見に触れる中で、学び合いながら道徳的価値を自覚したり、自分の行動と比較したりできる意義は大きい。

発問③は、本教材のメイン発問である。発問②同様、個人思考→ペア思考→グループ思考→学級全体へと拡げていく。

・ちゃんと横断歩道を渡っています。
・みんなで仲良くかごめかごめをして遊んでいます。
・先生に挨拶をしています。

よいことをしている動物を見つければよいので、動物名だけでもよしとする。

発問④は、自分で言える子と言えない子に分かれることが予想される。どんな些細なことでも、発表できたことをしっかり褒める。

発問⑤、ここで使うのが、別冊「どうとくノート」である。イラストが記してあり、「してよいこと、よくないこと」に○か×をつける構成となっている。

ノートに書くことで、発言できなかった子も、各自、自分の考えを整理することができる。また、教師は評価材料として活用できる。

リアル教室モラルを考え合う発問例

資料となる写真を提示する。イラストでもよいが、写真をまとめたものが分かりやすい。実際の自分たちの「日常」の写真を提示することで、興味を持って取り組めるようにする。様々な場面で、思考できるように、「ある日の一日」をまとめた資料があると理想的である。

例えば、給食エプロンを着て、給食の準備をしている場面、休み時間、学級園の中で遊んでいる場面、机の上に落書きをしている場面などの写真である。

まずは、写真を見て、気付いたこと、思ったことを発表する。

・エプロンを着て、一列に並んで給食を取りにいっています。
・学級園で遊んでいます。
・授業中、遊んでいます。

次に、してよいこと・悪いことを考えさせる。

・よいことです。きちんと並んで給食を取りにいっています。
・悪いことです。学級園は遊び場ではないのに、中に入って遊んでいます。
・悪いことです。机の上に落書きをしています。

次に、よくないことをしている写真を提示し、どうすればよかったのかを問う。

・学級園は遊び場ではないので、中に入ってはいけません。
・机は、自分の物ではないので、落書きをしてはいけません。すぐに消します。

最後に、いくつかの場面を提示したワークシートを配付する。よいことには○、よくないことには×を付け、発表させる。

集めた資料は「道徳ファイル」に綴じて保管する。

教科書教材と手作り教材の比較

授業の流し方はほぼ同じであるが、教科書教材の場合、写真提示と違って、全員の手元に同じ資料があるという強みがある。しかもカラー版である。

また、ワークシートもいちいち配付しなくても、「どうとくノート」として製本されているため、使い勝手がよい。

ワークシートの場合、ファイルに綴じて保管するのに、一手間かかるが、「どうとくノート」だとその手間は不要である。

また、この時期の子どもたちの実態に添った編集がしてあるため、文字を読んだり書いたりすることが苦手な子でも、無理なく取り組める工夫がしてある。薄くて、カラー版なのも魅力的である。別冊「どうとくノート」は画期的な教材である。

教科書教材＋別冊ノート＋指導書、この三点セットがあれば、授業の質がある程度、保障される。

（岡山県公立小学校）

教科書題材で考え合う発問例　―　リアル教室モラルを考え合う発問例

「自由と責任について」考え合う発問例

竹岡正和

「特別の教科　道徳」指導要領解説の第1章総説には次のように書かれている。

> 答えが一つではない道徳的な課題を一人一人の児童が自分自身の問題と捉え、向き合う……

私が担任した、ここ3年間の学級で「好きな授業ランキング」の1位がどれも道徳だった。私が道徳の授業で大切にしていることは「授業後の休み時間から子どもの行動を変化させる」ことであった。教科書題材では、この点に限界を感じる。資料を読み合わせ、「どう思いますか？」と個人の思いを発表させる。次に学級全体でシェアして終わり、その時間だけで休み時間からの子どもの行動の変化はあまり期待できない。

光文書院6年には「大空に飛び立つ鳥」という話が掲載されている。卒業式前の教室で、大きな絵を描きながら児童が子ども会の合宿の思い出について話している場面である。「低学年のころは、いろいろ決まりごとが多く、もっと自分の自由にやりたかった」と話し、6年になってリーダーになり低学年の面倒を見るようになると「昔の自分が感じた不満が分かったので今年はいろいろと個人の自由に任せたらとんでもないことになった」と振り返っている。

発問例として「あなたにとってほんとうの自由とは、どんなことだと思いますか」が紹介されている。おそらく個人の考えを発表させて、学級全体でシェアしていく組立てになるであろう。

私の場合、この資料で発問をするならば以下の流れで組み立てる。

> 来週、このクラスだけで修学旅行に行くとします。どのような「決まり」が必要ですか。思いつくままに箇条書きにします。

子どもからは「寝る時間は10時」「枕投げ禁止」「お風呂は1班から20分以内で」など、修学旅行のしおりを思い出し、書き出していくだろう。次に多く出された「決まり」を生活班で三つに絞る。さらに学級全体で三つに絞る。その過程の話し合いを経て、教師が言う。

> この絞られた三つの決まりは、実は今の学級に足りないものではないでしょうか。次の休み時間からお互いに意識して生活していきましょう。

授業後の休み時間から子どもの行動の変容が見られるだろうか。心の片隅に「うちのクラスはここが足りないんだな」と思い出すぐらいではなかろうか。

なぜなら、この組立てでは「自分自身のこと」として意識されていないからである。教科書題材では「資料の話の世界」で完結してしまい、児童の日常生活と切り離してしまっているのだ。教科書題材を扱う場合、必ず「この学級では」と現実の問題として引き戻す必要がある。

リアル教室モラルを扱う発問「修学旅行の部屋割りをどのように決めるか」

「自由と責任」について子どもが「自分自身の問題として」向き合わざるを得ない話題である。修学旅行の部屋割りは子どもにとって最重要問題といってもよいぐらいである。

> 宿泊先の部屋は男子が2部屋。女子が3部屋です。どのように決めますか。決め方を出してください。

まず、部屋割りは「最終的には担任が決めます」と明言する。この前提があっての話し合いである。

「決め方」はいろいろ出されるであろう。代表的な意見として「好きな人同士」タイプと「くじ引き」タイプの意見に分かれる。

話し合いの結果、「好きな人同士」になったとする。実際に「好きな人同士」で決めようとしても決まらない。教師は必ず次のように言う。

> 話し合いで決めたやり方では、決まりませんでした。この決め方のどこに問題があったのでしょうか。

発表させてから、家でも日記に書いてくるようにうながす。子どもは「自分自身のこと」になると教科書題材のようには、なかなかうまくいかないことに気づく。ここが大切である。「好きな人同士」では決まらない理由で、次のことを伝える必要がある。

> 「好きな人同士」では、声の大きい人、リーダーシップをとる人が中心に「好きなように」決めているから。

部屋決めという場面で「一人一人が自由に部屋を決めるのは不可能」であることを学ばせることができる。

> 好きな人同士は、声の大きい人、リーダーシップをもつ人がほとんど我慢することなく決めていく。何も言えない人は逆に多くの我慢をしなければならない。

このような話をした後に、

> みんなが同じように納得できる「決め方」は何だろうか。

このようにすると「くじ引き」ということになる。子どもに関わる現実的な問題なので、教師も子どもも真剣にならざるを得ない。

（埼玉県さいたま市・宮原小学校）

教科書題材で考え合う発問例 ― リアル教室モラルを考え合う発問例

「正直・誠実について」考え合う発問例

山田恵子

教科書題材で考え合う発問例

題材名：「おつきさまがみている」

あらすじ：妹をおんぶして帰宅途中のしょういち。垣根から出ている柿の実を誰も見ていないからと、取って食べようとするが、妹の「みている。にいちゃん、あれ」と空のお月さまを指して言う言葉により、柿を取ることを思いとどまる。

二年生児童に授業をした。

まず、挿絵を示しながら、この話を読み聞かせした。

「（前略）このおいしそうなあかいかきをいもうとにやり、じぶんもたべてみたいとおもいました」「一つもらうことにしようと、しょういちはあたりをよくみまわしました」と読み進めるうちに、児童は、息を飲みながら聞いていた。この先はどうなるのだろう、柿を取ってしまうのではないかと、じっと教師を見ていた。

最後の一文「しょういちは、かきをとらないで、おつきさまにてらされてかえりました」を読み終わった時、ほっと安心したような空気が流れていた。

次の発問を行った。

> 発問Ａ：どちらに賛成ですか。
> 理由も書きなさい。
> 「しょういちくんは、柿を取ってもよい」
> 「しょういちくんは、柿を取ってはいけない」

「しょういちくんは、柿を取ってもよい」に賛成した児童は、一名であった。

ここで、理由を言い合った。

柿を取ってもよい派

・柿の枝が垣根から伸びて出ていて、実が道路に出ているから誰のものでもない。だから、取ってもいいと思う。

柿を取ってはいけない派

・人の家の柿だから、勝手に取ったら、怒られるかもしれないから。

・人の家の柿だから、勝手に取らないほうがいい。もし、取ってしまったら、ばちが当たるかもしれない。

・人のものを勝手に取ったらどろぼうになるから、取ったらいけない。

・誰も見ていなくても、天の神様が見ているから、取ってはいけないよ。

・人のものを取ったら、よくない。その人が大事にしているかもしれないから。

・人の柿を勝手に取ったらだめだから。それに、誰もいないからって、取ったら怒られるから。

・誰かの柿かもしれないから、取らない方がいい。

圧倒的に、取ってはいけない派が多かった。

この話では、取ってしまうと泥棒ともいえる設定である。「取ってもよい」と答えた児童も、あえて反対派になり、反対意見を言うことに喜びを感じていた節がある。一対多数で言い合いをするのは、あまり適切ではない状態であった。

全員が「柿を取らなくてよかった」と安堵し、「しょういちくん、よかったね」と主人公に共感させる発問が必要であった。また、自分だったらと考えさせ、しょういちくんと同じ行動をとることを再確認させる活動も必要である。

> 発問B：柿を取らなかった しょういちくんに、言いたいことは何ですか。

児童から、次の意見が出された。

・妹のみよちゃんが月が見ていると言って、人の柿を取らなくてよかったね。
・しょういちくん、柿は誰も見ていなくても、人んちのものだから、取っちゃあだめだよ。
・もし自分の家の近くにある柿を人に取られたら、いやだと思うよ。
・人のうちの柿かもしれないし、みんなで大事に育てているかもしれないので、取らない方がいいよ。

発問Bでは、しょういちくんの行動の中で、「柿を取らなかった」ことに限定させる。そして、「柿を取らずに、月に照らされて帰った」ことに共感させる。そして、ごまかしたりせず、正直な行動をしてよかったなという安堵感を意識させることになると考える。

発問Bは、直接、「自分自身について」聞いている発問ではない。けれども、「主人公に言いたいこと」を問うことや「主人公へ手紙を書きましょう」と設定して書かせることは、自分の考えをより明確にさせると考える。

リアル教室モラルを考え合う発問例

次の設定は、学校でありがちな一場面である。自分だったらどうするかと考えさせ、意見を出し合わせたい。

●場面1：友達が大切にしている、買ったばかりの銀色のクレヨンを借りた。使っているうちに、真ん中辺りが折れてしまった。クレヨンには紙が巻いてあるので、真っすぐにしておけば、折れたことはすぐにはわからない。

●場面2：昼休みにドッジボールをしようと友達と約束していた。そのことを忘れて、うっかり別の友達と鬼ごっこをして遊んでしまった。そこへやってきた友達から「ドッジボールをしようって、約束したじゃないか」と責められた。

●場面3：昨日の宿題の漢字練習をするのを忘れてしまった。このまま黙っていても先生に気づかれないかもしれない。黙っていて、家に帰って今日の分と合わせてやることにしよう。休み時間は遊びたいから。

●場面4：昼休み、学校の一輪車を使って遊んでいた。サドルの高さを調節しようとレバーを回していたら、レバーのゴムの部分が取れてしまった。「きっと前から取れやすくなっていたんだ。私が悪いんじゃない」とそのままにしておいた。

自分から正直に話すことが誠実な態度であるという設定が多い。では、何と話すのがよいのか、いつ話すのがよいのか、考えさせたい。

これらの場面について考え合うことは、これからの生き方につながることと考える。

（山口県公立小学校）

「節度・節制について」考え合う発問例

溝端久輝子

1.「少しだけなら」

「わたしたちの道徳」三、四年の教材を取り上げる。話のあらすじは次の通りだ。

「母が留守のとき、家でインターネットを使っていた主人公のあつしが、パソコンの中に興味深いサイトを見つける。母親との約束で一度は見るのをあきらめるが、『少しだけなら』とサイトを見た上に、自分の住所なども入力しはじめる。そのとき、タイマーが鳴り、約束を破ってしまった自分を省みる」

2．従来型の発問

従来の指導案では、主発問は、

> 「おかあさんにたずねられ、あつしはどんなことを考えたと思いますか」

である。おかあさんにたずねられるのは「あらっ、ちゃんと使えたのね。約束守ってえらかったわね」という言葉だ。あつしの返事は「うん……」と書かれている。期待する意見としては「本当は見ていたんだ。ごめんなさい」「自分の心は弱い。しなければよかった」などである。しかし、実際の教室なら、「お母さんにバレなくてよかった。次からやらないからだいじょうぶだ」なども考えられる。

3．「自分自身について考える」発問

現実的に考えたい。行動は環境によって左右される。私なら次の発問をする。

> 一人でパソコンを使うのは賛成か反対か。

自分自身の経験を重ねながら意見が出るだろう。

「約束を守れずに一人でパソコンをしてはいけない。」

「私は一人でやっているからあつしもやっても大丈夫。」

4．二つの発問を比べる

従来の発問なら、授業の最後に自分の生活を振り返り、「これからの生活で『少しだけなら』という気持ちを抑えて生活できそうですか」とたずねられる。子どもの予想される答えは「我慢できないかもしれない。ついやってしまいそうだな」もあるだろう。それでも力ずくで約束は守らないとだめだよ、と言って授業を終えるやり方もある。結局授業を受けても受けなくても変わらない。自分自身で我慢ができないとき、環境を変えることや、ほかの人の力を借りることを知らせたい。

この授業のねらいは、これからの生活で「少しだけなら」という気持ちを持ったときに、その気持ちを抑えて生活できることを期待している。実際に可能だろうか。「やりたいと思っても、これ以上やったらどうなるか考えて止める」ことは可能か？「『少しぐらい』と思わず、自分で決めたことはつよい気持ちで我慢する」ことは可能か？ そ

の場では我慢できると思っても、大半はできないだろう。

　そこで、一人で使うかどうか、一人で使うとすれば、あつしの三つの約束でいいか、ほかにどんな約束があればよいのかを考えさせたい。例えば、「お母さんがいるときに使う」「一人では使わない」「パスワードを設定してもらう」などの約束や意見が出ると予想する。

5. 情報との付き合い方

　節度ある生活を送るためには、だれが見ていなくても、節度ある行動をとることが必要だ。この教材を学習した際に情報との付き合いについても学習を深めることができる。パソコンではなくても、通信ができるゲーム機で子どもたちは低学年のころから遊んでいる。高学年になるとLINEや掲示板などのネットでの言葉のやりとりが増えることが予想される。書き言葉と話言葉で印象が違うことを教えたい。黒板に次の言葉を書く。

「わかりました。」

> この言葉からどんな印象を受けますか？

「冷たい感じ」「怒っている感じ」このような意見が出るかもしれない。「よくわからない」という意見もあるだろう。

　次に教師がいろいろな「わかりました」を言ってみる。怒ったように、笑いながら、さみしそうに、冗談っぽくなどだ。その後、書いた時と、言ったときどのように違うかをたずねる。

　「言葉で聞くと、言っている人の気持ちがわかるけれど、書いている言葉はわかりにくい」と感じる子が多いだろう。書き言葉は冷たい印象になることが多いことや、そのために、気持ちの行き違いが起こり、いじめなどに発展することがあることを伝えたい。犯罪数値なども出して授業することをお勧めする。

（兵庫県加古川市・平岡小学校）

「勇気・強い意志について」考え合う発問例

本吉伸行

「いただきます」はなぜ必要なのか？

道徳が教科化され、考え、議論する授業の必要性が訴えられている。考え、議論するためには、題材が大切である。子ども達の身近なもので、発問を吟味すれば、議論の形態で授業を行うことができる。

授業の実際

指示1　食べる前のあいさつ。手をあわせて。さんはい。

→いただきます。

発問1　いつもやっている？
①いつも
②時々
③ほとんどしない

（挙手確認）

発問2　こんなときもやっている？　やっているときは手を挙げてね。

・給食を食べるとき。
・家で、朝ご飯を食べるとき。
・家で、おかしを食べるとき。
・お店でご飯を食べるとき。
・外で、お菓子を買って食べるとき。

具体的に確認していくと、意見が割れる。例えば、外で、飴を食べるときに、「いただきます」をしている子はほぼいないだろう。

発問3　いつもしないといけないかな？
①いつも必要
②時々必要
③必要ない

（意見が割れれば、簡単に話し合う。）

説明1　このような意見があります。
「お店に食べに行ったときは、お金を払っているのだから、必要ない。」

発問4．この意見に賛成の人？
反対の人？

（意見が割れれば、討論。）
（割れなければ片方の意見を発表させて、次に進む。）

発問5　いただきます。英語で何て言うか知っている人？

説明2　英語では、そのような、あいさつは存在しません。世界中でも日本だけです。日本には、食事に対して、感謝のありがとうを言う習慣があるのです。

発問5　いただきますには、ありがとうございます、感謝の意味があります。何に対して、ありがとうございますと言っているのですか？

→作ってくれた人
野菜や動物、食べ物のもとになったもの。

説明3　ある人は、いただきますをこのような意味だと言います。例えば、卵を食べるのなら……

（板書）たまごの□□□を、わたしの□□□にさせていただきます。

発問6　ひらがな三文字です。何が入りますか？

↓いのち

命をいただいている。そのことに感謝するという考え方です。

発問7　もう一度、聞きます。いただきます。どんなときもしないといけないかな？

①いつも必要
②時々必要
③必要ない

説明4　大人で、このような意見を言う人もいます。

「お店で食べるなら作ってくれた人に伝わらないから言っても意味がない。」

「動物も、すでに死んでしまっているし、飼い主にも伝わらないから、言っても意味がない。」

発問8　この意見に対して賛成、反対？

指示2　ノートに賛成か反対か、書きます。

指示3　理由も書きましょう。

↓少数派の意見から発表させて、討論する。

説明5　先生は、このように思います。

（板書）いただきますは、

○○○言葉。

発問9　三文字、何が入りますか？

↓プラス

説明6　日本人の最も言われて嬉しい言葉が、「ありがとう」です。ありがとうがたくさん増えると、クラスの雰囲気が間違いなく、よくなります。クラスのみんなが幸せになります。

説明7　「いただきます」も感謝の言葉。

毎日、心を込めて言うことで、そのありがとうの気持ちは、自分を、周りを、クラスを確実によくしていきます。

説明8　そして、ありがとうの気持ちを毎日、いただきます、ごちそうさま、で繰り返すことで、とても大切な力がつくと先生は思っています。

（板書）ありがとうの　気持ちを　もつ　○○が　できる。

発問10　漢字二文字。何が入りますか？

↓習慣

説明9　ありがとうの気持ちをもつ習慣がつくことは、幸せに生きるために本当に大切なことです。感謝する人は、人からも感謝されるからです。

説明10　ありがとうを増やすのと同じように、心のこもったいただきますを増やしていきたいですね。

（大阪府摂津市・鳥飼小学校）

「親切・思いやりについて」考え合う発問例

松島博昭

「考え議論する道徳」でのポイントは二つ。

①自分自身のこととして考えられる。

②多面的・多角的に考えられる。

である。教科書題材で児童が本気で考え議論する道徳授業の展開例を提案する。

一　授業例

日本文教出版

5年生「崩れ落ちた段ボール箱」

主題名「温かな思い」

指導内容「親切・思いやり」

(1) 教材研究の第一歩

まず、授業作りをする際に必ず目を通すものがある。それは、「学習指導要領解説」である。本年度、道徳教育推進教師として多くの道徳授業を参観した。授業を参観する視点として、必ず学習指導要領解説に目を通す。そして、指導すべきキーワードを抜き取る。5年生の「親切・思いやり」では、「特に相手の立場に立つことを強調する必要があり」と書かれている。さらに、「相手の立場になって自分自身が相手に対してどのように接し、対処することが相手のためになるのかをよく考えた言動が求められる」とある。単に手を差し伸べることだけではなく、時には相手のことを考えて温かく見守ることも親切な行為としての表れであることも指導する必要があると書かれている。学習指導要領に書かれたポイントを踏まえつつ教材研究する。

授業を終えた時に、児童が指導要領に書かれている「親切・思いやり」について学んでいなければ「ねらい」から外れた授業になってしまうのである。

(2) 指導書に書かれた発問例

道徳教科書の指導書の発問は以下の通り。

①どんな気持ちや思いが、親切な行為につながるでしょう。

・相手のことを考える。

・自分のことだけを考えない。

②二人はどんな気持ちからおばあさんを助けようとしたのでしょう。

・おばあさんがかわいそう。

・おばあさんを助けてあげたい。

③「困った子たちね」と店員に叱られて言い返せなかった時、どう思ったでしょう。

・言い訳してもわかってもらえない。

・わたしたちじゃないのに。

④どんな気持ちからおばあさんに「いいえ、いいんです」と言ったのでしょう。

・おばあさんが喜んでくれたからよかった。

⑤「お二人の温かい気持ちに心を打たれた」という手紙の言葉を聞き「わたし」はどんな思いを持つようになったのでしょう。

・あの時助けてよかった。

・わかってもらえて嬉しい。

・人を助けるって気持ちがいい。

⑥本当の親切、思いやりとは、どんな心なのでしょう。

・相手が笑顔になるように考える心

⑦教師自身の思いやりのある行動や、親切にされた体験を話す。

中心発問は、⑤である。この発問で、「考え議論する」ことはできるのであろうか。決まりきったことを聞いているのではないだろうか。わたしは、この発問で考えが深まるとは思えない。優等生が決まりきった意見を言い教師がまとめて終了という子供が嫌いなタイプの授業になるのではないか。本当に、自分のこととして捉えられるのであろうか。はなはだ疑問である。

(3)提案する発問例

①なぜ、段ボールが倒れても多くの人たちは手伝おうとしないのでしょうか。

・恥ずかしい。　・面倒くさい。
・忙しい。　・自分がやったんじゃないから。　・関わらない方がよい。

②もし自分だったら手伝いますか。

手伝う派と手伝わない派。それから、時と場合によるという意見も出るかもしれない。理由をそれぞれ発表させる。

③手伝いをしたら勘違いされて怒られました。感想をどうぞ。

多くの子たちが、嫌な気持ちと答える。中には、「もう手伝いはしない」と答える子もいるかもしれない。知らない人を手伝うと、勘違いされて嫌な思いをすることもあることを確認する。そこで中心発問をする。

④知らない人が困っている場合、手伝うべきか手伝わないべきか。

⑤親切な行動をする時のポイントは何か。

⑥因果応報について話をする。

世の中は、いいことをすればいいことが自分に返ってくる。でも、悪いことをすれば悪いことが返ってくる。ずっと昔から変わらないのですね。

⑦感想を書きなさい。

(4)道徳授業の感想は三つの観点

道徳の感想は以下の三つの観点について書かせる。

①授業前の自分はどうだったか。
②今日の授業で学んだこと。
③これからどうしていきたいか。

道徳授業で学んだ新たな気づきを道徳ノートに書き溜めていくことができる。1年間の変容を見とることもできる。

二　全員が道徳好きと回答

4月に「道徳は好きですか。」と本学級の児童にアンケートを実施した（在籍児童33名）。

はいと回答した児童は4名であった。同じアンケートを9月に実施した。はいと回答した児童は、33名であった。つまり、全員の児童が、「道徳が好き」に変わった。

なぜか。

児童に理由を聞いた。

児童A「今までは教科書を読んで感想を書いて終わりだったけれど、今は討論をしてその話題についてよく考えるようになった」

児童B「教科書はきれいごとしか書いてなくて、ほとんど作り話で全然ありえないって思っていたけれど、今年になって、現実の話とか本当にあったことを題材にしている。だから面白い」

児童C「正直道徳は、ノートに書くだけの毎回同じ単純な作業だけの授業で、考えも本気で書いてなくて指名されて発表するのも嫌だった。今は違う。自分で発表する機会が増えたことによって、本気で考えるようになって考えるのが楽しくなった」

児童が道徳好きになる理由として、次の2点が大きいのだ。

①リアリティがあること。
②友達同士で意見を本気で言い合えること。

従来行われてきた「気持ちを問う読み取り中心の道徳」では、児童は本気で考えない。つまらない白けた道徳授業になってしまう。自分自身のこととして考え、多面的・多角的に考えられる発問で児童が本気で考え議論する授業が必要なのである。

（群馬県邑楽町・長柄小学校）

教科書題材で考え合う発問例 ― リアル教室モラルを考え合う発問例

「感謝について」考え合う発問例

神谷祐子

教科書題材で考え合う発問例

「心と心のあく手」（四年）

発問例A

① ぼくは何故「荷物、持ちます」とおばあさんに声をかけたのでしょうか。

② そのときおばあさんは、「ありがとうね。でも、家まですぐだからいいですよ」と言いました。そのときのぼくは、どんな気持ちになりましたか。

③ 家に帰って、そのことをお母さんに話したときは、どんな気持ちでしたか。

④ また、お母さんが、「いいことしたね」と言ってくれたとき、どんな気持ちになりましたか。

⑤ 数日後、ぼくは何故おばあさんの後ろからついていったのでしょうか。

⑥ ぼくは、おばあさんの後からついていっているときは、どんな気持ちだったのでしょうか。

⑦ 長い坂を上り切って、むすめさんのすがたを見たとき、ぼくはどんな気持ちだったのでしょうか。

⑧ おばあさんがふり向いて、ぼくに「ありがとう」とお礼を言ったとき、おばあさんはどんな気持ちでしたか。

⑨ また、お礼を言われて、ぼくはどんな気持ちになりましたか。

⑩ 家に向かう帰り道、ぼくの心はいつまでもぽかぽか温かったのは何故ですか。

発問例B

① 主人公は誰ですか。

② ぼくの気持ちが二回変化しています。一回目、二回目、それぞれ誰の言葉がきっかけになりましたか。

③ このお話の一番の山場はどこですか。

④ ぼくがおばあさんと「心と心のあく手」をしたような気がしたのは、何故でしょうか。

⑤ 「本当の親切」とは、どんなものでしょうか。

AよりBが何故よいか。

Aはこのお話の内容にそって、徹底的に「気持ち」を問い続けている。また、発問の答えにしても、ほぼ全ての発問において、さまざまな答えが考えられる。

たとえば、①の答えでは、

「おばあさんがつまずいて転びそうになったから」と答えるのが、国語的には一番無難だろうが、次のような答えでも可能だ。

「ぼくが本来、やさしい子だったから。」

「おばあさんの荷物が重そうだったから。」

「おばあさんが、よいしょ、よいしょと歩いていたから。」

「おばあさんが、つえをついて歩いていたから。」

等も不正解だとは言えない。

一つ一つの発問が全てにおいて、答えが枝分かれし、ばらばらになってしまったら、論点がぼやけてしまう。Bは、「主人公、道徳的変容、山場、変容の原因、中心発問」という道徳のコードに従って発問を組み立てている。

そして、子どもたちの心を問う「中心発問」を一つに絞り、「本当の親切」とは、という徳目について、子どもの心に迫ろうという展開にしている。

道徳教材は国語科教材と違って、細かな表現上の違いを読みとるのではなくて、その「徳目」についての、道徳的態度を養っていくものである。だから、主人公の気持ちより、子どもたちの心を問うことで、内面的な資質を育てるようにしている。

リアル教室モラルを考え合う発問例（事例）

花子さんが太郎さんに文房具を貸してあげました。でも、太郎さんはお礼も言わず、投げつけて返してきました。

発問例A

①花子さんはどんな気持ちになったでしょうか。

②みなさんは、太郎さんの態度をどう思いますか。

③このようなことをなくすためには、どうすればいいでしょうか。

発問例B

①「親しき仲にも礼儀あり」このことわざは、どういう意味でしょうか。

②みなさんはそれぞれにクラスメートで毎日共に過ごしている「親しき仲」です。そんな仲間でも守っておいた方がいい「礼儀」には、どのようなものがありますか。

③では、物を借りたときにとるべき態度として、太郎さんの事例は適切だったと考えられますか。

④どんなところに出ても、恥ずかしくないような行いを「マナー」と言います。こんなマナーを一つ一つ考えたり、身につけていったりするのが、私たちが社会人になるためのきわめてよい学習です。もちろん、急には身につくものではありませんが、「千里の道も一歩から」。しっかりと考えていきたいですね。

AよりBが何故よいか。

Aは教室の具体的な出来事について直接的に取り扱っている。この場合、太郎さんは「批難の対象」として、教師からも周りの友達からも見なされたと思い、客観的に自分の行動を見つめることができない。だから、そのときの様々な理由を思い出し、「花子さんが睨んできたから」とか「花子さんがきつい口調で言ってきたから」などと、論点を別のところにはぐらかし、自分を守ろうとしてしまう。

これでは、本来の目的からはずれてしまったところでの指導になってしまう。

それに対してBは、まずは「価値基準」を確定することで、論点をそのところに持ってきてしまう方法だ。価値目標から行動目標を考え、子どもたちができそうなレベルのよい行動を明示することで、行動モデルを確定する。そのモデルに従って自分の行動をふり返り、自分の判断として社会的な行動を身につけていく。これは「ＰＢＩＳ」（ポジティブな行動介入と支援）という、プログラムの考え方から取り入れた方法で、特別支援ベースになっている。物事を前向きにとらえて、その後の行動をより高められるようにしていこうとするものだ。道徳の学習においても活用できる。

（大阪府大阪市・八幡屋小学校）

「礼儀について」考え合う発問例

小林正樹

傘かしげ、肩ひき、こぶし浮かせといった「江戸しぐさ」を扱った道徳の授業を想定する。「江戸しぐさ」の由来、意味を確認した後の授業展開を取り上げる。

A……一般的な流れ

①絵を見てどんなことを感じましたか。
②「江戸しぐさ」についてどう思いましたか。
③江戸の町に住む人たちは、どのような気持ちから「江戸しぐさ」を大切にしたのでしょうか。
④自分の生活を振り返り、今自分にできるしぐさはどんなものがあるか考えてみましょう。

①の発問は、感じたことなので何を言ってもよし、となる。拡散的な反応を拾いたい。

②の発問は、ぐっと難しくなる。限定されているので答えにくいことが予想される。

③の「気持ちを問う発問」には、一気に難しさを感じるはずである。何をヒントに考えればいいのか、どこから気持ちがわかるのか、不明である。優秀な子、先生の期待に応えられる子は発表するであろう。

一般的な授業では、一部の子の発言が美しく板書され、あたかも全体の総意であるかのような雰囲気となって進んでいくことが多い。自分の考えが板書された子は、大いに満足するだろうが、そうでない子、納得できない子は置いて行かれることになる。

④でも、反応は少ないだろう。数人の意見が板書され、なんとなく一時間の流れが見える板書になってしまうと、授業者は安心してしまうものだ。

子どもの本音はどうなのか、この後の子ども達の行動に結びつきやすいかなどを観点としてみると、浅い授業であるという印象を受ける。

次に、TOSSランドから「江戸しぐさ」で検索した授業を二つ、紹介する。

B……TOSSランドよりⅠ

①今紹介した「江戸しぐさ」。この三つのしぐさは、何歳までに身につけておくべきものなのでしょうか。
②このような項目がいくつあったと思いますか。
③お互いに明日はあの世かもしれない。だから今日のおつき合いを美しく大切に生きていこうという考えがその根底にあります。四文字熟語で何と言いますか。
④相手の気持ちを一瞬にして感じ取り、すぐに行動に移す。みなさんには、そういう人になってもらいたいのです。

実践では、①の前に「江戸しぐさ」の実演をさせている。活動から入る授業である。①の発問で年齢を予想させている。正解は、三歳から九歳まで。身近な問題として、授業に取り組むことになるだろう。

②も、数を問う発問である。

③では、四文字熟語を問うている。

このように、「気持ちを問う発問」が一つもない。子ども達にとっては、考えやすい、予想しやすい問いとなっている。

B……TOSSランドよりⅡ

①電車に乗っていて、時々「いやだな」と思うことがあります。どんなことだと思いますか。

②こういう人を見たとき、先生は「なんて……な人だろう」と感じてしまいます。……に入る言葉をたくさん考えましょう。

③現在の東京は千二百万人くらいです。人口密度は、約五千七百人です。三百年前の江戸の人口密度は、今より高かったでしょうか、低かったでしょうか。

④現在、東京には四万二千人の警察官がいます。江戸の町には、警察官ではなく「同心」という人が、安全を守っていました。「同心」は、何人いたでしょうか。

⑤江戸の町には、争いを少なくするようなルールやマナーがありました。これを「江戸しぐさ」といいます。今の時代にも、自然と行っている「江戸しぐさ」があるのです。～紹介～

⑥今まで見てきた「江戸しぐさ」、何歳くらいまでに身につけさせられたでしょうか。～三択　六歳　九歳　十二歳～　以下、略。

①は経験を想起させているので答えやすい。

②は拡散的な発問。できるだけ多くの反応を得ながらも、次の展開に進めやすくなると思われる。

③は、二択の発問。全員が参加できる。

④では、比較して数字を問う発問。たった二十四人ということに驚くはずである。

⑤で「江戸しぐさ」の紹介をし、⑥で三択による問いを出している。

このように見てくると、この実践では様々な答え方をさせていることがわかる。さらに、「気持ちを問う発問」が一つもないこともわかる。

◆◆◆◆◆

みなさんが授業を受ける子どもだったら、AとBのどちらの授業を受けたいですか。

保護者として我が子の授業を見るとしたら、AとBのどちらの授業を受ける自分の子どもを見たいですか。

研究授業の授業者だったら、AとB、どちらの展開で授業を進めたいですか。

特に、発達障がいを持つ児童は、「人の気持ち、相手の気持ち」がわからないといわれます。そのような子が教室に複数存在する中で、「気持ちを問う発問」を連発する道徳授業が、まだまだ見受けられます。

ぜひ、TOSSランドを訪れてみましょう。子どもが考えやすく、楽しい授業実践がたくさん見つかります。

（山形県河北町・谷地中部小学校）

教科書題材で考え合う発問例 ― リアル教室モデルを考え合う発問例

「友情・信頼について」考え合う発問例

畦田真介

教科書題材で考え合う発問例

1 「知らない間の出来事」

「友情・信頼」の中に、「知らない間の出来事」という題材がある。文科省「私たちの道徳」にも掲載され、来年度数社の道徳科教科書の中にも採用されている題材である。

携帯電話のメールアドレスを友達に聞かれた主人公が、携帯電話を持っていないことを友達に言う。すると、その友達が携帯電話をもっていないから、友達が少ないんじゃないかということをクラスの友達にメールしてしまい、それが広まる内に、主人公が携帯電話を持っていないせいでいじめられ、この学校に転校してきたという話になってしまう。情報モラルとも関連した面白い題材となっている。

2 指導書のメイン発問

教科書の指導書の発問例では、次の発問がメインとなっている。

> あゆみ（主人公）に電話しようとしたみか（友達）は、どんな思いをもっていたでしょう。

これでは、議論する道徳にはなっていかない。また、子ども達にとっても面白い授業展開とはならない。

3 考え合う発問例

例えば、次のように発問してみるのは、どうだろうか。

> 一番悪いのは、だれですか。

おそらく、子ども達がまず挙げるのは、最初にメールを送った友達のみかだろう。それだけではなく、みかの話を曲げて伝えた他のクラスの友達をあげるかもしれない。相手の気持ちを考えなかった主人公のあゆみに問題があるという子どももいるかもしれない。

子ども達に自分の考えをノートに書かせて討論をさせていく。おそらく初めは、メールを送ったみかが悪いとする意見が中心となる。しかし、討論をしていく中で、「周りの友達」の方が悪いのではないかという意見が必ず出てくる。また、主人公のあゆみが悪いのではないかという意見も出てくるだろう。お互いの立場から討論をさせていく中で、相手のことを考えない姿が悪いことや、クラスの他の友達が、本当のことかどうか指摘しなかったことなどが悪いといった意見なども出てくるだろう。ある程度議論が尽くされたら、次のようにしてまとめる。

> 友達との関係で大切なことは何ですか。

きっと、相手の立場に立って考えることが大切であることや、相手を思いやる気持ちの大切さなどが出されるだろう。

時間があれば、さらに、もう一歩突っ込んだ発問をする。

> いつ、だれがどんなことをしていれば、こんなことにならずに済んだのか。

それぞれの立場で、相手のことを思いやった行動が出てくるだろう。

リアル教室モラルを考え合う発問例

1 リアル教室モラルを考え合う発問例

現在、LINE等によるトラブルが社会問題化している。LINE等ではなくても、教室の中に次のようなことはないだろうか。

> 「○○ちゃんがあなたのことを～って言ってたよ」

これによって、トラブルになることが高学年などだとよくある。多くの場合、事実ではなく、友達同士の話の中で誤解を生み、それが本人に伝えられ、トラブルとなる。これもLINE等のトラブルと原理は同じである。

このような場合には、被害者・加害者だけでなく、周りで見ている傍観者という三つの立場が存在する。このようなトラブルを止める上で重要となるのが、傍観者が仲裁者や被害者の立場に寄り添うことである。

そこで、次のような発問をしてはどうだろうか。

> 自分が友達から、このメール（いじめられて転校してきた）をもらったら、どうしますか。

子ども達は、おそらく次の二つの立場に分かれるだろう。一つは、「そうなんだ」などと同意する立場。もう一つは「そんなことわからないよ」と反対する立場である。

この二つの立場で討論をさせていくとよい。反対する立場からは、「相手がかわいそうだから」などの意見が出るだろう。この意見のまま討論していても議論は深まらない。「もし反対して、自分がいじめられてもいいんですか。」など、突っ込んだ発言を子どもから引き出したい。出ない場合は、教師が言ってもよいだろう。

議論していく中で、相手のことを思って勇気を出していくことが大切なことや、信頼することが大切なことなどがクローズアップされていく。

2 さらにもう一歩詰める発問

考える発問と同じくさらに、もう一歩突っ込んでいく。

> いつ、だれがどんなことをしていれば、こんなことにならずに済んだのか。

考え合う発問とは違う意見が出てくる。この題材の場合、止めることが出来たのは、メールをしたみかだけではない。クラスの他の友達が「それは分からないよ」「そんなことないんじゃない？」などと、メールをしていれば、止めることが出来る可能性が高い。また、翌日に主人公に普通に話しかけていれば、このようなことにはならなかったかもしれない。さらに突っ込んでいく。次のように発問する。

> 今、みんなが言ったことは難しいことですか。

おそらく、子ども達は難しくないと答えるだろう。

（岡山県高梁市・高梁小学校）

教科書題材で考え合う発問例 ―リアル教室モラルを考え合う発問例

「相互理解・寛容について」考え合う発問例

北倉邦信

1 人との関わりを考える発問

道徳の副読本に「あやまってすむことじゃない」という教材が載っている。

概要は「予約していたレストランを家族で訪れた時、店員のミスで予約が受付されていない事態に陥る。店員は席を空けるため、様々な対応をしてくれたが、結局お父さんの判断で、違うレストランに行って食べることになった」というものである。

授業では、教師が読み、話の全体像を把握させた。

店員がしてくれた席を空けるための行動についても確認をした。

子どもからは「一生懸命やってくれた」「努力してくれた」「ミスを取り返そうと動いてくれた」等という意見が出た。

次に、店員は対応をしてくれたが席が空かず、ほかのお客さんの迷惑になるので、別の店に行ったことについて取り上げた後、

> ほかにどんな対応がありますか。

と発問をした。ノートに書くよう指示も出した。その後、書いたことを発表するように指示を出した。

子ども達からは「店でもう少し待つ」「感謝を述べて店を後にする」「家で食べる」「店員さんが席を空けようと努力しているので空くまで待つ」等といった意見が出た。

この発問をすることで「人への関わり方はいくつもあること」「人により対応の仕方は違うこと」をおさえることができた。

人との関わり方を考え合う発問として、

> あなたなら、予約されていなかったことを許しますか。

と問うた。

子ども達の意見は半分に分かれた。それぞれの立場を表明し、意見を発表した。

発表した後、自分とは逆の立場にいる人に質問をした。対話をする中で、価値観について深く考えることができた。

意見の交流をした後、本文の最後に「大事なことを学ばせてもらった」と書いてあることを取り上げた。大事なこととは何かを考え、意見を書いた。最後に相手を理解することの大切さについてふれ、授業を終えた。

① 自分なら許します。理由は責めたり怒ったりしても変わらないし、起きたことをねたんでも何かが変わるわけではないからです。相手を思う気持ちがない人は許さないと思います。

② 自分なら許しません。誰にだって失敗はあります。しかし、家や学校などの間違えてもよい場所なら学べばよいけれど、お店など社会では許されないと思います。

③ 私は許しません。トラブルは嫌なので外では許すけれど、心では許すことができません。

④ 私なら許します。なぜなら、人には失敗はあると思うからです。けれど、2、3回目な

らば許せません。

2　教室でのことを事例で扱う

子どもが、友達関係でうまくいっていないことを紙に書いてきた。

「自分は友達とうまくやろうと思っていること」「やろうと思っているけれどうまくいかないこと」「友達に心が折れることを言われたこと」等が、紙には書いてあった。

　この子どもの心情が表現されている文章を授業で扱った。

　授業の冒頭で「人との関わりについての学習をします」と伝えた。

　子どもが書いてきた紙をそのまま印刷すると筆跡から誰が書いた文章かわかってしまうので、パソコンで打ち直したものをプリントアウトして配付した。

　まずは教師が音読をし、読み聞かせた。その後、わかったこと、気付いたこと、思ったことをノートに書くように指示を出した。

「これを書いた子はつらい思いをしている」「悲しい思いが伝わってくる」等がノートに書かれていた。その後、発表をし、情報を共有した。ノートに書く活動をすることで、隅から隅まで読む状態を意図的につくった。

　その後、友達相互の理解を図るために、

> 作者はこの文章を書いた時、どんな状況だったと予想しますか。

と発問し、思考する時間を確保した。

　意図的に指名し、意見を子どもに求めた。子ども達からは、「作者はつらい状況におかれていた」「自分だったら耐えられない」「つらいことを書いたことがすごい」「耐えた作者はえらい」「こういう状況はあってはいけない」等と、作者のことを気遣った発言がされた。

　一通り発言を聞いた後、「この文章を書いたのは○○さんです」と告げた。

　教室中でどよめきが起こった。「えー」という声が上がり、「まさか」という顔をしていた。子ども達は、文章を読んで、相手につらい思いをさせている周りを批判した。しかし、批判していた相手は実は自分や周りだったのだ。学級の友達が、こんなに傷ついていると知ってなんともいえない表情をしていた。

　子どもの感想を紹介する。

①　私は○○くんが書いたと知り、びっくりしました。そして同時に悩んでいることがわかりショックでした。人間関係でものすごく悩んでいて、自分を変えようとしていたなんてすごいと思うし、クラスのことなのに気付いてあげられなかったのは申し訳ないです。

②　自分を変えようとがんばっているのはとてもすごいことだと思いました。自分の欠点を見たくないだろうけど、しっかりと見ていることはすごいと思いました。自分も悩ませてしまったかなと思います。そうやってがんばっているということを理解して接したいです。

（東京都江戸川区・二之江第二小学校）

「規則の尊重について」考え合う発問例

田村治男

教科書題材で考え合う発問例

1　全教科書に掲載の教材

平成三〇年度から使用される教科書見本が、全八社から出されている。驚くことに、四年の教科書の内容で、全社に収録されている教材がある。

「雨のバス停留所で」（成田國英）

この教材は、現在使用されている複数の道徳資料にも掲載されている。この事実から、次のことがいえる。

子どもたちに「規則の尊重」を考えさせる上で、これまでも、そしてこれからも適切な教材（資料）と考えられている。

この教材は、「割り込み」という場面をもとに、規則を守る必要性について考えるという内容になっている。

2　教科書での発問例

教科書題材に沿って考え合うという授業の場合、発問は次の流れになるだろう。

【バスを待つ場面】

①　バスを待つよし子は、どんな気持ちだったか。

【バスに乗ろうとする場面】

①　お母さんに連れ戻されたとき、よし子はどう思ったか。

②　お母さんがこわい顔をしていたのはどうしてか。

※「雨宿りをしていた人たちは、よし子をどう思うか」から、お母さんのこわい顔の理由を考えさせるということもある。

【バスの中の場面】

①　お母さんの横顔を見ていたよし子はどんなことを考え始めたのか。

※いつもと違うお母さんの姿を押さえた後、考えさせる。

【全体を通して】

①　きまりはなぜ必要なのか。

②　きまりは何のためにあるのか。

③　自分は、どのような気持ちできまりやマナーを守ろうと思うか。

◆◆◆◆◆

この授業は、次の流れになっている。

自分自身を登場人物に立たせて、気持ちを考え合った後、自分の行動を考える。

つまり、

ア　よし子の気持ちに共感する。
イ　お母さんがよし子に伝えようとしていることを考え合う。
ウ　きまりの必要性を考え合う。
エ　自分は、これからどのような気持ちで生活すればよいかを考え合う。

という流れである。

これは、授業としては安定しているといえなくもない。

よし子やお母さん、雨宿りを

していることは、設定された状況の範囲を超えないからである。

　また、きまりやマナーは守ることが大切であるという前提の上に成立している授業ともいえる。そういう意味からいえば、答えが一つに限定された授業に陥りがちになるといえる。

リアル教室モラルを考え合う発問例

1　リアルな場面を提示する

　前述の「答えが一つに限定された授業」に対し、教科書題材で検討した後、それを離れ、リアルな場面を子どもたちに提示して考え合うという授業が考えられる。授業の一例として、次のような流れがある。

◆◆◆◆◆

※教師の範読後。

①登場人物を確認する。
　よし子、お母さん、停留所で雨宿りをしながらバスを待っている人たち。
②どんな話なのかを整理する。
　よし子が、停留所で割り込みをしてバスに乗ろうとした話。
③それぞれの考えを確認する。
　よし子→割り込みをして早く乗りたい。

　お母さん→割り込みは、いけない。

　雨宿りの人たち→割り込みはいけないと考えていると予想される。
④ほかの人たちは、雨宿りをしていて、停留所の前に並んではいませんでした。それでもよし子は割り込みなのかを考え、議論する。
※それぞれの立場に立ち、考え合う。
⑤いつも順番を守らなければならないのかを考え、議論する。
※「㋐順番を守らなくてもよい場合はあるか。それはどのような場面か」「㋑あるとするならば、どのように話せばよいか」について考え合う。

◆◆◆◆◆

　ほかにも「場所取りをしながら並んでいる人がいて、後から来た人がその場所に入る場合」がある。その行為はよいのかということについて考え、議論することも考えられる。

2　リアルさが心を動かす

　教科書題材に沿って授業を進めた場合、前述のように「〜すべき」という思考に陥りがちになる。それは、子どもたちがこれから先も経験する様々な場面での道徳的な判断力や実践力を狭めることになってしまう。

　また、現実の場面にどう対応してよいか分からなくなり、何も言わず、何もできない状態になってしまうことも考えられる。

　それとは対照的に、リアルな場面を設定し、どのように考え、どのように行動すればよいかについて考え、議論する授業を行えば、子どもは課題に積極的に向き合い、自分の考えを話し、議論が白熱するようになる。つまり、リアルさが子どもの心を動かし、自然に議論を生じさせるということである。

　そして、現実に起こる様々な場面で、どう判断し、どう行動するかという能力が高まるにちがいない。


【参考】

『特別の教科・道徳における「主体的・対話的で深い学び」』（独立行政法人教職員機構「主体的・対話的で深い学び」を実現するための研修用テキスト開発）

（岩手県大船渡市・大船渡北小学校）

教科書題材で考え合う発問例 ― リアル教室モデルを考え合う発問例

「公正・公平について」考え合う発問例

岩田史朗

来年度から現場で使用される日本文教出版の道徳の教科書「小学どうとく 生きる力」には、「いじりといじめ」という教材が掲載されている。

内容項目は、「公平・公正」である。

教材の内容は、簡単に紹介すると、次である。

> ゆうきの教室で、クラスメイトのまさるくんが先生から聞かれたこととはぜんぜん違うことを答えた。教室のみんなが笑う中、まさるくんも一緒に笑った。この様子を見ていたクラスメイトのみかさんが、今のは笑ってもよいことか、とつぶやいた。このつぶやきに対して、クラスメイトのげんきくんは、おもしろかったし、まさるくんも気にしていないから笑ってもよいと言った。みかさんは、今回のことをいじめだと主張し、げんきくんは、いじりだと主張した。ゆうきは、げんきくんの言いたいことはわかるが、いじりといじめはどこが違うのかと考えた。

この教材で子供達に考えさせたいことは、いじりとして行った言動が、相手を傷つけていることがある、ということである。

この教材を扱う際に考えられる発問に、次がある。

> 今のは笑ってもよいことか、とつぶやいた時のみかさんは、どんな気持ちだったでしょうか。

この発問を行うと、次のような反応が返ってくることが予想される。

> ・笑われているまさるくんがかわいそう。
> ・おもしろかったからと言って何でも笑っていいわけではない。

この発問によって、子供達に考えさせたいことは、発表されるであろう。

しかし、登場人物の気持ちを問う発問では、子供達が教師の求める意見を推測して答える傾向があると感じている。

新学習指導要領には「多様な感じ方や考え方に接する中で」という言葉がある。

子供達には、もっと本音で語り合わせたい。

> 今のは笑ってもよいことか、というみかさんのつぶやきに共感しますか。

そこで、次の発問を行う。

この発問をすると、子供達の考えは、二つに分かれるだろう。

また、意見を発表させると、次のような自分に引き寄せた意見が発表されることも予想される。

> ・自分もまさるくんのように笑われたことがあるから共感する。

次に、この発問では、みかさん側の意見だけでなく、げんきくん側の意見、つまり「多様な感じ方や考え方」を聞くことができる。

　これらのことから、より深くいじめといじりについて考えることができるはずである。

　教室の中で、「公平・公正」が最も失われるのは、間違いなくいじめが起こったときである。

　いじめが起こった際の発問に、次がある。

> これからどのようにすればよいですか。

　実際に、自分が行った発問である。

　いじめの実態を把握し、関係した子供達に指導をした後、教室全体に行った。

　子供達は、「もうしないようにする」「いじめをしている人がいたら注意する」等と答えた。

　しかし、いじめはまた起きた。

　これからどうするかを考えさせることは大切である。しかし、それ以上に大切なことは、いじめはいけないことだと、強く認識させることであると、このとき強く感じた。

　TOSS代表向山洋一氏は、次のように述べている。

> 「集団への帰属」という意識は、本能ともいえるほど強いものである。だから、「集団には教育力がある」のだ。
> （『教え方のプロ・向山洋一全集17　いじめを克服する教師の戦い方』p51より引用）

　いじめはいけないことだと、強く認識させるためには、向山氏が言う「集団には教育力がある」という原理を使いこなすことが効果的である。

　まず、いじめた子を黒板の前に立たせる。そして、例えば、いじめの内容がバイキン扱いしたことであれば、次のような発問を行う。

> ○○くんが友達をバイキン扱いしたことをどう思いますか。

　列で指名し、次々と発表させていく。

　実際に、自分が行った際には、どの子も「良いことではない」「してはいけないこと」等と答えた。

　全員に言わせた後、いじめた子に、こう発問する。

> 今の友達の意見について、どう思いますか。

　自分が行った際には、うなだれ、大変なことをしたという表情で「もうしません」と反省の弁を述べた。

　その様子から、いじめはいけないことだと強く認識していることを感じた。

　ちなみに、この方法も、向山氏から学んだ。

　ただし、この方法は、細心の注意のもとで行う必要がある。子供によっては、立ち直れないほどのショックを受ける場合があるからである。

　そこで、次のように修正して行ってもよい。

　まず、いじめた子を黒板の前に立たせることはしない。いじめた子、いじめられた子双方の名前を出すこともしない。

　いじめた子に個別指導をした後、教室で「こういうことがあったが、このことについてどう思うか」と発問するのである。

　間接的ではあるが、「集団の教育力」によって、いじめはいけないことだと認識させることができる。

（石川県金沢市・西南部小学校）

教科書題材で考え合う発問例 ― リアル教室モラルを考え合う発問例

「勤労・公共の精神について」考え合う発問例

太田政男

教科書題材で考え合う発問例

1 資料のあらすじ

二年生「みんなのニュースがかり」（『小学生のどうとく2』廣済堂あかつき）を採り上げる。文科省発刊の『小学校道徳 読み物資料集』（平成23年3月）に掲載されている資料でもある。

資料のあらすじを紹介する。

■主人公のけいすけはニュース係。みんなの紹介を書いたニュースを貼り出した。しかし、内容に間違いがあり、みんなが怒ってしまう。もう書くのをやめようと考えたけいすけに、同級生のゆいが「ちゃんと調べて書けば、みんなもきっと喜ぶと思うわ」とアドバイスする。もう一度ニュースを書いたけいすけは、みんなから感謝される。

2 気持ちを問う発問

よくある発問の典型は「気持ちを問う発問」だろう。

◇あわててニュースをはがしているけいすけ君は、どんな気持ちでしょうか。
◇「みんなのニュースがかり」と言われたけいすけ君は、どんな気持ちだったでしょうか。

このタイプの発問だけでは考え合う展開にはなりにくい。

主人公の本当の気持ちは分からず、各自の想像で話すしかないからである。

3 別のタイプの発問

A　みんなが怒ったわけを考えたけいすけ君は、どんなことに気づいたのでしょう。
B　友達から「みんなの○○係だね」と言ってもらえるのは、どんな人なのでしょう。

明らかに発問のタイプが異なる。ただし、これでもまだ「考え合う」のは難しいだろう。

なぜなら、Aでは多様な意見は出てこないからだ。

Bは一般化をねらった発問だが、それだけに二年生には難しい。こちらも多様な意見は期待できない。

そこで考えたのが、次の発問である。

① やめてしまうという意見に賛成ですか、反対ですか。
② やめる以外にいくつの方法がありますか。
③ 学級の仕事をするときに大切なことは何ですか。

考え合うためには論点がはっきりしていることが大切だ。だから①のように「二者択一」で問うのである。

②の発問は「いくつ」と数を問うている。「どんな方法」と問うよりも「いくつ」と聞く方が不思議と子供たちの思考は進むからだ。

さらに、子供たちから出された意見を分類し、どの行動が何番目に良い行動といえるのかを話し合わせても面白い。

ここまでで多様な意見が出さ

れ、やりとりがなされていれば、③の発問で一般化することが可能だろう。

リアル教室モラルを考え合う発問例

1　行動の選択肢を増やす

低学年の子供たちは、「自分がやりたい」という気持ちが優先してしまい、ケンカになってしまうことがある。

この時に大切なのは説教ではなく、問いかけることだ。

ある日の給食準備の時のことだ。当番のA君とB君がケンカを始めた。

A「ぼくもやりたい！」

B「ぼくが先にやっていたのに！」

牛乳配りを誰がやるかでもめていたのだ。気づいた時には、牛乳ケースを二人で引っ張り合っていた。

「牛乳配りをぼくもやりたかったのに…」

そう言って、A君がわーんと大声で泣き始めた。

さて、このケースでどう対応すれば良いのか。

私はまずA君を呼んで落ちつかせ、こう聞いた。

「A君は牛乳配りをやりたかったんだよね。でも、できなかったから泣いたんだよね。」

うん、とうなずくA君。

「そうだよな。やりたかったのにできなかったら泣きたくなるもんな。」

ここまでは共感的に聞く。

しかし、共感するだけでは不十分だと私は考えている。行動の選択肢を増やすことが必要だ。

> 泣く以外にどんな方法があったか分かる？

A君は「がまんする」という選択肢を出した。もちろん、そのことをほめる。

「まだ、ほかにもあるんだけど分かる？」

行動の選択肢を聞いていくと、子供たちはほとんど出せないことが多い。

つまり、子供たちは「限られた行動の選択肢」の中だけで行動を決定しているのだ。

だから、あえて「より悪い」選択肢と「より良い」選択肢もこちらから示す。

この時は「怒る」と「譲る」「感謝する」を選択肢に加えた。

> どの方法が一番良いと思う？

2　次の行動を選ばせる

次に問うのは順番だ。

すべての行動に順番が付く。

そうすると「泣くのは三番目の方法だったんだ」とメタ認知させることができる。ここで理由を聞いても良いだろう。

そして、最後にもう一つ問う。

> もしも、次に、また同じようなことがあったら、何番の行動にする？

この時、子供たちは必ず今の行動よりも、より良いものを選ぶ。

この時のA君も、二番目に良い「譲る」を選んだ。

もちろん、次の時に同じように泣くことも考えられる。その時はまた同じように振り返れば良い。諦めなければ、より良い行動を選択する瞬間は訪れる。

（島根県邑南町・高原小学校）

教科書題材で考え合う発問例 ― リアル教室モラルを考え合う発問例

「家族愛・家庭生活の充実について」考え合う発問例

奥　清二郎

教科書題材で考え合う発問例

新しい道徳の教科書6年（学校図書）に「その思いを受け継いで」という話がある。

大地君のおじいちゃんが重い病気になり、余命3ヶ月の宣告を受ける。

母親は大地君にそのことを告げる決心をする。

おじいちゃんはそのことを知らない。

大地君はそれから毎日おじいちゃんを見舞いに行くが、約3ヶ月がたったとき、おじいちゃんは天国に旅立っていく。

おじいちゃんの枕の下には、大地君の誕生日を祝う手紙とのし袋があった。大地君の誕生日は1ヶ月も先のことであった。

発問例A

教科書には別冊として「活動」という冊子がついている。

① まくらの下にあったじいちゃんからの手紙を読んで「ぼく」はどんなことを思ったでしょう。

という発問がある。ほかにも次のような発問が考えられる。

② おかあさんからおじいちゃんの病状を告げられたとき、ぼくはどう思ったでしょう。

③ だんだん弱っていくおじいちゃんに対して、ぼくはどんなことを思ったでしょう。

④ おじいちゃんが無言のままぼくの手をにぎり返してくれたとき、ぼくはどう思ったでしょう。

発問例B

① じいちゃんに、あと3ヶ月の命ということを告げた方がよかったのか？

② じいちゃんは、「ぼく」の誕生日まで生きることができると思っていたか？

AよりBがなぜよいか

Aの発問では「考え合う」発問＝討論にはならない。「どんなことを思った」という発問では、「悲しかった」「さびしかった」というような形容詞の文で終わってしまい、自分の考えの発表が多くなると考えた。

A①について、子どもたちのとらえ方はもっと深く、

「自分がもうすぐ死んでしまうということを知って、この手紙を書き、わざと枕の下に置いて僕が見られるようにしてくれたこと、また、もうろうとした意識の中で誕生日を覚えていてくれたことに、うれしくも別れが切なく寂しい気持ち」

「じいちゃんと別れるのは悲しくてしかたないけれど、じいちゃんが『ぼく』のことを見守っているよと書いてくれたことに少し安心した感情。また『ぼく』のために一生けん命ふるえて力のない手で書いてくれ、胸があったかくなる気持ち」

などと書くことができた。しかし、やはり討論にはならず、自分の意見の発表ということに留まった。

B①の発問は、**「よかったのか、よくなかったのか」二者択一の発問であり**、子どもたちの意見が分かれる。

母親はじいちゃんのことを考えて告げなかったのだ。

ところが子どもの意見は「告げた方がよかった」という方が多かった。

「告げなかったら病気が進行してきたときに、自分で気づいてもあと少ししか生きられないし、あと3ヶ月をたくさん楽しもうと思えるから」と主張し、告げない方がよかったという人は、「知ってしまうと残りの人生が楽しくなくなってしまうし、がっかりしてしまうから」と発表し、お互いの考えを伝え合うことができた。

B②の発問では、多くの子どもが「思っていなかった」と答えたが、やはり意見は分かれ、それぞれの立場で討論する形となった。

多くの理由は、

「思っていたのなら手紙はそんなに早く書かないと思うから。生きてはいたいけど重い病気で、もうすぐ死ぬと感じていたから、もし死んだら大切な『ぼく』に口では言えないけど、手紙を残し自分の気持ちを伝えたかったのだと思う」

というものだった。ただ意見を言い合うのではなく、「考え合う発問」は、「どう思ったでしょう」ではなく、「AですかBですか」と選択させ、その根拠を述べ合う形にするのがよい。

そのことでお互いの立場から意見を考え、相手の考えを理解しようとしながらも、自分の主張点をはっきりさせてものごとを考える習慣が身につく。

リアル教室モラルを考え合う発問例

発問A

あなたの家の人たちは、どんなことをしてくれていますか。それに対して、どんなことをして応えたいと思いますか。

発問B

勉強をしなさい、と言われることに対して、「わかった、と言って勉強する」という意見に賛成ですか、反対ですか。

AよりBがなぜよいか

発問Aは、子どもたちに自由に考えさせることができる。次のような意見が出てきた。

「ご飯を作ってくれる」

「礼儀を教えてくれる」

「おこりながらも勉強を教えてくれる」

「忘れ物をしていないか確認してくれる」

このような意見に対して、反論の余地は少なく、みんなが納得するが、意見が広がり過ぎて、言いっぱなしとなってしまう。

発問Bは、身近でだれもが経験していそうなことでありながら、六年生という時期になると、親に反発する子も増えてきて、よく思わない子も出てくる。

この発問に対しては大きく意見が分かれた。

「むかつく。よその家の話を持ち込んでしかってくる」

「言ってくれるのはありがたいが、実行できない。やろうと思っているときに言われるとムカッとする」

「すなおにわかったとは言わないけれど、面倒くさいからわかったと言う。でも後でやらないと後悔するかも、と思い、勉強する」

と噴き出すように意見が出てきた。

そこで、お家の人とも折り合いをつけるにはどうすればよいか、自分なりの答えを導き出すよう書かせた。

（私立香里ヌヴェール学院小学校）

教科書題材で考え合う発問例 ― リアル教室モラルを考え合う発問例

「学校生活・集団生活の充実について」考え合う発問例

間　英法

○×で問わない
よりよく生きる喜びについて

●教科書題材で考え合う発問例

一　「路上に散った正義感」

『中学生の道徳2　自分を考える』（廣済堂あかつき株式会社）に「路上に散った正義感」という題材がある。路上で男性から財布を奪って逃げた犯人を大学生たちが追いかけ、取り押さえる際に刃物で刺され、一人は死亡、一人は重傷を負った事件を扱った教材である。

授業のねらいは、不正を許さない社会づくりに私たちができることは何かを考えさせることにある。

二　二者択一の発問例

> 学生達の取った行動は正しかったのか。

この問いに対する答えは、正しいか、正しくないかである。正しいとは誰が判断するのか、この事例で、瞬間の判断を問うのは不適切である。安易に大学生が正しくないと捉える生徒がいるかもしれない。

仮に被害者が自分の子供だったら、一人でも犯人に立ち向かう親はいるだろう。それを正しいか正しくないかは判断できない。この授業で何をねらいとするのか、改めて考える必要がある。

こういう犯罪は許せないという心情的なまとめではなく、許さないために具体的に何をすればよいのか、考えさせたい。

そのためにはリアリティが必要だ。こんなことがあった。

自宅前で交通事故発生、駆けつけ、車の外から大丈夫ですかと声をかけた。すると、ケガはないようだが、酒に酔った、しかも一目でワケありと分かる人が出てきて、唖然としたことがある。警察官が駆けつけて、証言してもらえますかと聞かれた時に、自分のことより、妻や娘達に危害が及んだらどうしようかと考え、「相手に私が証言したと分からないならば……」と話したことがある。

この題材で授業として考える視点はどうすればいいのか。

最低限、次のことではないか。

> 誰もが傷つかずに犯罪を減らす行動を考えさせる。

三　リアリティという視点

次のように問う。

> この場合、どんな行動が考えられますか。できるだけたくさん考えなさい。

例
- 警察に電話する。
- 離れた所から大声で騒ぐ。
- 台所の鍋やフライパンを持って現場に駆けつける。
- 隠れてスマホで動画を撮る。
- 懐中電灯で照らす。等。

できるできないにかかわらず、できることを全て書き出させる。

その後、班やクラスで発表し合い、様々な方法から、できそうな方法をいくつか取り上げて順番をつける。

犯罪への対策を考えさせることで犯罪を許さない考えを鍛えていきたい。

「よりよく生きる喜び」を考えたい。そもそも、よりよく生きると喜びは必ず生まれるのか。「よりよく」とは自分の思いでできるが、「生きる」場所は人と人のふれあいの中であり、自分にとってよりよくしたつもりでも、場合によって相手にとって不快だと思うこともある。「喜び」を感じるのは自分にとって満足する選択をした時である。

●リアリティな現実問題を考える

一　電車で席を譲るか

> 電車で座っていて、お年寄り、小さな子を連れたお母さん、妊婦さんが乗ってきたら席を譲りますか。

答えは三択となる。

・譲る
・譲らない
・その他

単純な問いと捉えれば、譲るか譲らないかである。「その他」はそのままにしておき、譲る理由と、譲らない理由を尋ねる。

〈譲る〉
・譲った方が気持ちよいから。
・当たり前だ。等。

〈譲らない〉
・譲る意味が分からない。
・恥ずかしくて譲れない。等。

この二つの意見は立場が異なっており、意見が翻意することはあまりない。

次に、その他の意見を尋ねる。

・荷物を多く持っていると譲れないことがあるかもしれない。

このように、条件付きだと、「譲る」「譲らない」の意見にリアリティが生じ、意見交流が活発になる。

> 自分ができる、できないではなく、一般的にどんな条件だと人は譲ったり、譲れなかったりするのだろうか。思いつくまま、書いてみよう。

【考えられる理由】
・体調が悪いと譲れないこともある。
・元気そうなお年寄りで譲るのが失礼な気がする。
※こんな意見が出たら、どんな状態のお年寄りなら元気がないように見えるのか、尋ねる。
・妊婦さんや小さな子を連れたお母さんなら譲るが、お年寄りは躊躇するかもしれない。
・頑固そうなお年寄りは席を譲ると怒りそうだ。

二　さらに一歩の突っこみ

実際に、私も年配の方、特に男性への声がけは難しいと感じる。声をかけることで失礼に思われるのではないかと考えるからだ。

そこはロールプレイで練習してもよい。

実際は、相手が断ることもある。善意で声をかけているので、向こうから断ってくるならば仕方ないと思うしかない、という考えは大人たる教師の説話でよいと考える。

「いつでも代わりますよ」「失礼しました」など笑顔で声をかける例は、授業者が普段やっていないとできないことでもある。

（新潟県公立中学校）

教科書題材で考え合う発問例　―リアル教室モラルを考え合う発問例

「伝統文化の尊重・郷土愛について」考え合う発問例

小林義典

一　教科書題材は読解から

教育出版『小学 道徳 はばたこう明日へ 6年』に「米百俵」の話が載っている。

戊辰戦争で疲弊した長岡藩（現、新潟県長岡市）に、近隣の三根山藩（現、新潟市西蒲区）から救援米が届く。日々食べるものにも困る長岡藩だったが、空腹をこらえ、その米を学校（国学と漢学）設立資金にかえた。今の苦しさに耐え将来を担う人材の育成を優先させたのである。

まず子供達に「教育」の効果を考えさせる。

> 学校を建て、人を育てると、まちにとってどんないいことがありますか？

適切な判断と行動のできる人が増え、まちが発展する。反面、優秀な人が都会へ出てしまう。様々な意見が出る。

次に、自分ならどうするかを考えさせる。

> 自分が当時のリーダーなら、お米を配って食べてしまいますか。それとも、周囲の反対者を説得して学校を建てますか。

空腹を訴える大勢の人々を説得する大変さに気付かせたい。

最後に一つのエピソードを挿入する。

> 当時、三根山藩も戦後で貧しく、やっとの思いで長岡藩に救援米を送ったのでした。

> その事実を、三根山藩は記録に残したでしょうか？

三根山藩は記録に残していない。

恩を施した方が記録せず、受けた長岡藩は今も語り継ぎ大切にしている。

報恩感謝は日本道統の精神である。

最後に振り返りを書かせ、授業を終える。

二　リアル①　母語重視？

四月、学級開きをして間も無く、自分達の願いを込めて学級に名前を付けることがある。その際「スマイル」など外国語を用いた名前に反論が出ることがある。そこで問う。

> 学級の名前は、国語（日本語）にした方がよいか？

様々な意見が出る。

自分達の願いを言葉にするのだから母語にすべき、外国籍の生徒がいる学級もあるのだからこだわる必要なし、と自分達の考え、国語への思いをぶつけ合える。

> 学級の名前は縦書きで表示した方がよいか？

日本語は古来より縦書きである。

竹を割った板に文字を記した名残だというが、縦書きで発展したため文字そのものが縦書きで書き進めやすいようにできている。

思考する際には縦書きで思考していたであろう。

しかし、現在は横書きの教科があり、算数や理科は縦書きでは学習しにくい。

学級の名前を記すのに、縦書きにこだわる必要なしとの意見も出る。

校外学習のお礼状を縦書きにするか横書きにするかの話し合いもあり得る。

三　リアル②　祭りは後回し？

わが国は少子高齢化の渦中である。先日、文化祭後の懇親会で地域の方が次のように話してくれた。

「同じ戸数の集落でも、祭りの盛んな集落は児童数が増え、そうでない集落は児童数がどんどん減っている」

なるほど、そういう実態があるのかと思った。

何人かの方がそう話し、「夏祭りを復活させたいね」と夢を語った。

祭りのお囃子練習と習い事の時間が重なったら、どちらを優先させるか？

地域によって差はあるが、子供達は下校後に塾通いやクラブチームの練習で忙しい。保護者は送り迎えで忙しい。

地域の行事を盛んにし、地域への愛情を育てたいと考える有志がいても、推進しにくい現状がある。

次代を担う子供達が解決の方策を考え合うことで、地域への思いを深められる。

四　考え合えるリアル教室問題

伝統文化の尊重・郷土愛に関する教科書教材は、読み物として興味深く、国民として知っておくべき話ばかりである。

わが国の伝統文化や、先人が何を大切にしてきたかを知る上で、貴重である。国民の基礎的な教養となる。

ただ、「考え合う」ための教材として切迫感に欠ける。「米百俵」の場合、百五十年前の話なので、読解のための発問を要する。

また、先人の決断について自分ならどうするかも問う必要がある。

先人が直面した重要課題を、人ごとで終わらせないためである。それでも「仮」の話であることは否めない。

さらに、一地方の話で、理解しづらい（私のような新潟県人なら「米百俵」の一言で話が通じるが、県外の子どもには難しい）。

先人の偉業を知り心に刻むことは国民として必須だが「考え合う」には臨場感に欠ける傾向がある。

反面、リアル教室問題は身近な問題で、すぐに考え合える。

また、自分の問題として考えられるため、一般論でなく普段自分が思っていることを発言でき、多様な意見が出やすい。級友が何を考えているかが分かるため、相互理解も深まる。

「米飯給食（和食）の日を増やした方がよいか？」

「まちの発展のためにはどの観光資源を活用したらよいか？」

「冬の遊びを一つ加える場合、あやとりとトランプ、どちらを選ぶか」

――など、リアル教室問題は無尽蔵である。そして、どれも臨場感があり、具体的な意見を出しやすい。

「考え合う」ことで伝統文化を尊重し、郷土愛を深めるならリアル教室問題がよい。

（新潟県三条市・森町小学校）

教科書題材で考え合う発問例 ― リアル教室モラルを考え合う発問例

「国際理解・国際親善について」考え合う発問例

千明浩己

「ペルーは泣いている」（日本文教出版）を授業する。

教科書題材で考え合う発問例

これまでの副読本の中で特に有名なこの教材は、日本文教出版の五年道徳教科書でも採用されている。

日本のバレーボールが黄金期を迎え、女子チームが「東洋の魔女」と呼ばれていた頃、バレーボール最弱国ペルーの監督となった加藤明氏の話だ。

「野蛮な国から来た野蛮な監督」と、マスコミにバッシングされ、ペルー国民から石を投げつけられるような監督が、やがて「ペルーの英雄」と呼ばれるほどペルーで愛される監督へと変わっていく。

その加藤明氏の生き方を通し、真の「国際理解」とはどんなものなのかについて、考えを深めることのできる教材だ。

これを深めるための主発問を、教科書では次のように提示している。

> 「上を向いて歩こう」をペルーの選手たちが歌っているとき、アキラはどんな思いだったかな。

教科書には、次のようにある。

「アキラの目からも、なみだがあふれそうでした。」

このわずか一文から、アキラの思いを想像することは可能ではあるが、正解はわからない。

答えが書いてないからだ。

「泣くのをこらえ歌ってくれる選手は素晴らしい」かもしれないし、「日本の選手がかけ寄り、ペルーの選手にメダルをかけてくれてとても嬉しい」かもしれないし、いくらでも想像可能だ。

しかし、これではいくら想像しても、「真の国際理解とは何か」について、考えを深めることは難しい。

なぜなら、それはそれぞれの児童の想像の発表に過ぎないからだ。

では、次の発問はどうか。

> 選手やその家族、マスコミなどからバッシングされていたアキラが、選手から本当の父親のように慕われるアキラになるために、一番大切だったことは何か。

この発問からは、

「選手に日本の料理を食べさせたこと」

「『上を向いて歩こう』などの日本の歌を歌って聞かせたこと」

「ペルーの歌を一緒に歌ったこと」

「選手からペルーの歴史や文化習慣などを教えてもらったこと」

「ペルー人のようになっていったこと」

など、教材文の中から答えを見つけ出すことができる。

さらに、その中から、「一番大切だったこと」という観点で、意見を出し合い、深めていくことが可能だ。

その中で「外国人と付き合う場合も、自分の立場から考えを押し付けるのでなく、相手のことを理解し、相手の立場に立って、信頼関係を構築していくことが最重要なのだ」ということに気づけば、「積極的平和主義」という現在の日本の外交にもつながっていることに触れることができる。

リアル教室モラルを考え合う発問例

特別の教科道徳の最も重要なポイントは、「読み物教材の読み取りだけでなく、そこからより身近なリアル問題への対応について、自ら考え、他者との対話を通して考え、討論する」だと考える。

「ペルーは泣いている」についても、教科書には、「見つめよう・生かそう」という項目で、次の発問が提示されている。

> 世界の人々と交流するために、どんな思いをもつことが大切だろう。

これは、より身近なリアル問題への対応を考える上で、やや抽象的すぎる。

「国際理解」という価値項目であるから、これをより身近なリアル問題としてとらえるには、一般的なクラスではなかなか難しい（現在の日本は、外国人の児童がクラスにいることも珍しくなくなってきているとは思うが）。

日本の国籍を取得したばかりの外国の子供が、転入して来ることが分かったクラスなどでは、大変現実的な問題となるが、普通はなかなかリアルな問題としてはとらえにくい。

だからこそ、教科書では、抽象的な発問が提示されているのだろう。

外国人の児童がいない教室でも「国際理解」についてリアルな問題としてとらえるために、次の発問はどうか。

> ＡＬＴの○○先生と、自分がもっと絆を深めるために、大切なことは何だろうか。

私が出会ったＡＬＴは、子供と上手にコミュニケーションをとれる先生が多かったが、中にはうまくいかず、学期の途中で退職したＡＬＴもいた。

授業がうまくいかず、子供たちとの関係が崩れる場合も多々あった。

うまくいっている場合でも、身近な外国人であるＡＬＴと、より信頼関係を深められることは、子供たちにとって価値の高いことであろうと思う。

外国人との交流という点ではハードルの低いＡＬＴと絆を深めるために、何が大切か、加藤明氏の努力や生き方を学んだ後であれば、具体的にさまざま考えられる。

たとえば、

「ＡＬＴの○○先生の好きな歌を教えてもらう」

「自分の好きな歌をＡＬＴの○○先生に教えて覚えてもらう」

「ＡＬＴの○○先生の育った国の習慣を教えてもらう」

「ＡＬＴの○○先生の国について、インターネットで調べたことを質問し、もっと詳しく話してもらう」

「給食を一緒に食べてもらう」

……などだ。

その上で、「世界の人々と交流する上で、大切なことは何か」と発問すれば、「相手のことを理解し、相手の立場に立って考えること」が大事だと気づけるだろう。

（群馬県沼田市・沼田小学校）

「生命の尊さについて」考え合う発問例

川原雅樹

教科書題材で考え合う発問例

題材
その思いを受けついで
「私たちの道徳」5・6年
（文部科学省）

一　読んで感想を言うだけでいい

力のある教材だ。

冒頭から引き込まれる。

読むだけで、おじいさんと主人公、おじいさんと家族の関係がわかる。

読むだけで、亡くなったときの家族の思い、おじいさんへの思いが伝わる。

感想を書きなさい。

それだけでいい。

人それぞれ感じた思いや、似たような体験があるはずだ。

感想を発表しなさい。

それぞれの「死」や「命」に対する思いや経験が出されるだろう。

教師も経験があれば、それを語ってやることだ。

体験こそが、子供たちにとって、最も貴重な教材である。

二　あえて発問するなら

あえて発問するなら次の二つだ。

おじいさんに病気のことを告げた方がよかったか。

いわゆる「告知」である。

今回の指導要領改訂で道徳のキーワードは「考え議論する」である。

子供たちも大人でも意見の分かれる発問だ。

もちろん答えは出ない。

それぞれが考えたらいい。

実際、そのような場面に将来立つことにもなるだろう。

大地はもらった「のしぶくろ」を、家に帰ってどうしただろう。

「気持ち」にはふれない。

人の気持ちは行動に出る。

おじいさんが1ヶ月後の大地の誕生日にと思い準備した「のしぶくろ」。

次のような意見が出るだろう。

①　しわを伸ばし大切にとっておいた。
②　返事を書いた。
③　お葬式のときに、その返事を渡した。
④　お母さんに渡した。
⑤　いつも持っておいた。

一つ一つに教師がコメントすることもなければ、友達の意見に何か言うこともないだろう。

それぞれが感じたことを発表すればそれでいい。

命について書かれたお話をもう一つ読みます。

次ページの「命てんでんこ」を読み、授業を終了する。

リアル教室モラルを考え合う発問例

(1) わたしのいもうと（絵本）

有名な絵本だ。授業でリアルに「いじめ」を扱う、「命」を扱うにはとても有効である。

これも発問はいらない。

読むだけで十分伝わる話だ。

いじめをなくすには、どうすればいいですか。

大きく考えようのない発問だ。一度教室で考えてみるのもいいと思う。

差し障りのない言葉でなく、建前の意見でなく考えさせる。

① 箇条書きにさせる。
② 重要なことを一つ決め、板書させる。
③ 反対意見を聞く。
④ 討論する。
⑤ 最後に自分の意見を書く。

上記手順で、まずは気軽に考えつくだけ箇条書きにさせる。

テーマ自体は重いが、アイディアは自由に出させた方がいいだろう。

あえて、最後にするなら、ライオンが足のないライオンと助け合って生きている話や、ずっと昔のネアンデルタール人なども足が不自由で歩けない人と助け合って生きている話をする。

その際、重要なのは、歩けない人などには「火の番」をしてもらうなど、それぞれ自分の生き甲斐を持てるようにしたということである。

(2) 教師自身の体験談

以下は自分の体験で追試はできないが、自分自身の体験談をクラスで語ることは大切だと思っている。

近い関係の教師と子供が、自分自身の体験を飾ることなく、語り合えることが重要だろう。

① 先生の息子の力君は、ダウン症という症状でした。去年死んでしまいました。
② 小学校5年生で病院に寝たきりになりました。
③ 身体も動きません。喋ることもできません。
④ そんな中、力君の身体が動いたことが2回ありました。

それは、どんな時だったと思いますか。

子供たちには、自由に意見を言ってもらった。

1回目はクラスの写真を見たとき、2回目はクラスの子や家族の声を聞いたとき。

その時だけ、口や手を動かした。

もちろん単なる「反射」だったのかもしれない。しかし「仲間」と「言葉」は生きていく上でとても大切なものだと信じている。

（兵庫県篠山市・味間小学校）

崇高さを考える発問

教科書題材で考え合う発問例 ― リアル教室モラルを考え合う発問例

「自然愛護について」考え合う発問例

塩谷直大

1 教科書題材の発問

教育出版『道徳6』の6年生用の題材を例にあげる。題材名は『持続可能な社会とは？』である。見開き2ページの構成だ。はじめに「持続可能な社会」の説明が書かれてある。次のような説明だ。

> 地球上には、環境など、みんなで取り組まなければならない多くの問題があります。一人一人が考え、私たちが幸せを実感し、それを将来の世代も受けつぐことができる社会のことを「持続可能な社会」といいます。

そのあとに発問Aが書かれている。

> A　あなたには何ができるでしょうか。

右ページに載っている「解決するための工夫」を参考に、子どもたちが、自分にできることを考える発問だろう。考えを交流し、考え合うことが可能な発問である。

2 向山実践の発問をプラス

しかし、ここでひと工夫してみる。さらに深く踏み込んだ展開が可能だからである。発問Aの前に、向山実践の発問をプラスするのである。

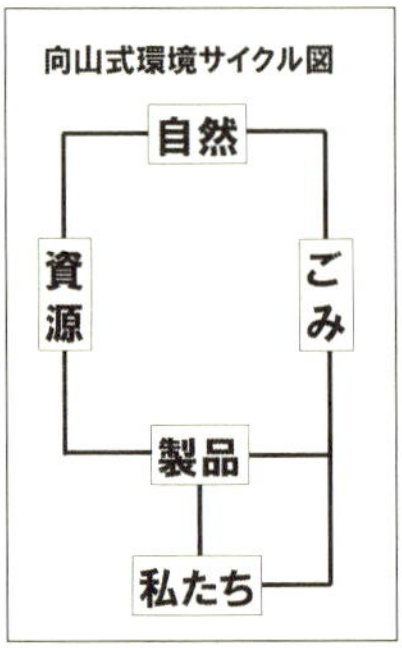

発問の前に「向山式環境サイクル図」を提示する。子どもたちに説明しながら、1つずつ黒板に書いていく。

> 自然の中から、私たちは必要なものを取り出し、役立てています。これを資源といいます。そこから役立つものを作り出して。私たちの生活に役立てます。これが製品です。しかし、製品を作り出したあとや、私たちが製品を使ったあとにごみが出ます。このごみが自然に戻っていけば問題ないのです。このサイクルが、グルグル回っていれば、問題はないのです。

このサイクルのどこかが、うまくいっていないから環境問題が起こっているのだ。サイクル図をノートに写させて、次の発問Bをする。

> 発問B　このサイクル図のプッツンしているところはどこですか。全部バツで消しなさい。

子どもに発表させ、図にバツをかき込んでいく。次のようになるだろう。

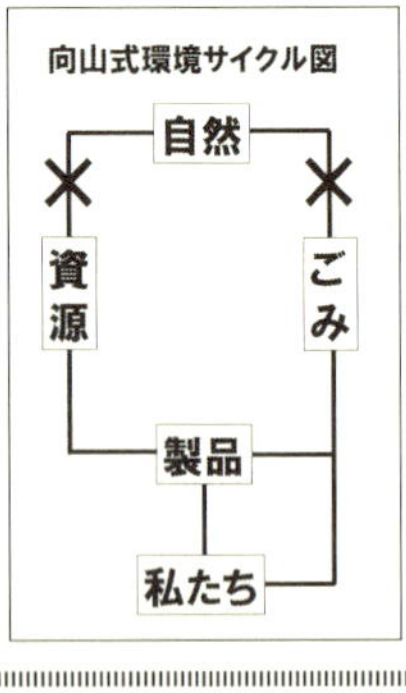

サイクル図に示すと何が原因

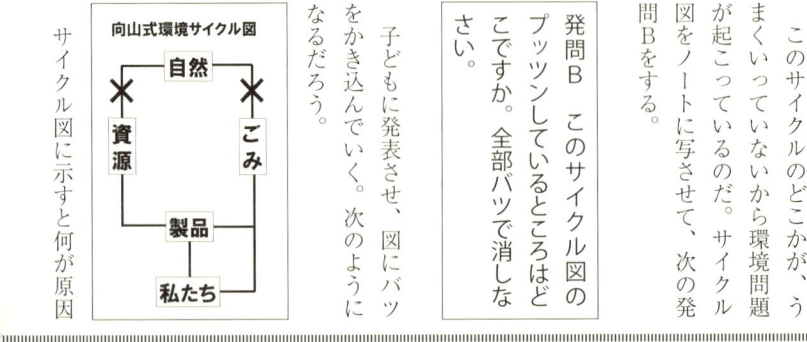

で、どのようにしていったらいいのかがよく見えてくる。

この後、Aの発問をする。教科書の発問をいきなりするよりも、思考が整理されるのだ。

3　リアル教室モラルの発問

読みもの教材と切り離して、身近な「リアル教室モラル」を考える実践を紹介する。

私の勤務する知床半島の斜里町では、給食にエゾシカ肉が出る。

ラーメンやカレーなどエゾシカメニューが頻繁に登場する。町内を車で移動すると、すぐにエゾシカを見かける。道東の子どもにとってエゾシカは非常に身近な存在だ。

私はエゾシカかが、自然愛護に関するモラルを考える教材になると考えた。

4　エゾシカを教材とする

現在、道内のエゾシカの数が増加している。64万頭いると言われている。そのエゾシカたちが、自然にある森や草木、農作物を食べてしまい、大きな被害を起こしている。農業被害額は、北海道全体で、1年間に約63億円になる。世界自然遺産「知床」でも、その被害は起きている。シレトコスミレをはじめとする高山植物がエゾシカに食べられる。

写真を提示しながら、このような話を子どもたちにする。被害の大きさに驚きの声をあげていた。

そこで行われているのがエゾシカの捕獲である。

知床のエゾシカ捕獲についてわかりやすい動画がある。ユーチューブで「【MIKIOジャーナル】「増えすぎたエゾシカ」～官民連携の新対策」で検索すると視聴できる。10分ほどの動画だ。野生で暮らすエゾシカが捕獲・駆除されている取り組みが紹介されている。動画視聴後に発問をする。

> 発問　エゾシカの捕獲に賛成ですか。反対ですか。

私のクラスでは意見が分かれた。各自に理由をノートに書かせた。書かせる際に、参考とする資料を教師の方で配付した。資料には次のことが書いてある。

①エゾシカが増えた理由
②エゾオオカミ絶滅の理由
③エゾシカによる農業・林業被害額の推移

次の道徳の時間に討論を行なった。活発な討論になった。以下は児童の発言の一部である。

「ぼくは賛成です。エゾシカが植物を食べてしまうと、二酸化炭素が増えてしまいます。これは地球の温暖化につながります。だからエゾシカを殺すのは仕方がないです。」

「殺すのはかわいそうだけど、私の家は農家です。実際にエゾシカ被害で困っています」

「エゾシカだって命があります。大切な命を奪うのはよくないです。もともとエゾシカが増えてしまった理由は、人間がエゾオオカミを絶滅させたからです。だから、人間の都合で殺すのはよくないです」

「殺してしまっても、それは無駄にしていません。ドッグフードや食用にして有効に活用しているし、貴重な花が絶滅してしまうのは、駄目だと思います」

結論は出さなかった。しかし、教科書の題材よりも、より各自のモラルに迫る発問となった。

（北海道斜里町・斜里小学校）

教科書題材で考え合う発問例　―　リアル教室モラルを考え合う発問例

「感動・畏敬の念について」考え合う発問例

塩沢博之

教科書題材で考え合う発問例

日本文教出版「小学道徳　生きる力」の資料から「考える発問」を提案する。

四年生の「花さき山」という資料について考える。ねらいは「人の心の中にはすばらしいものや美しいものがあるということに気づき、それに感動し、大切にしようとする心情を膨らませる」である。

教科書会社の指導書には、次のような発問が掲載されている。

①「おっかあ、おらはいらねえから、そよサ買ってやれ。」と言ったあやは、どんなことを考えていたでしょう。

②双子の兄の話を聞いたとき、あやはどんなことを思ったでしょう。

③花さき山に花が咲く理由を聞いたあやは、どんなことを考えたでしょう。

④人の心の中にあるすばらしいものや美しいものとは、どんなものでしょう。

④の発問によって畏敬の念を指導することになる。

本稿では、次の発問によって畏敬の念を指導することを提案したい。まずは、一つ目、Aの発問である。

> A「花さき山」に花を咲かせるためにどんなことをしたら良いですか。

良い行いをすれば、「花さき山」に花が咲くことは確認しておく。そして、このAの発問で、子供たちに、「良い行い」を考えさせる。四年生の多くの子供は良い行いとはどのようなものなのかが分かっている。

子供たちは、たくさん出された「良い行い」から、人の心の中にはすばらしいものがあることに気づくことができる。

次に、二つ目、Bの発問である。

> B「花さき山」に花を咲かせるためにあなたならどんなことをしますか。

これは自分自身に関する問いである。Aの発問では、自分は実際にはできなくても、良いことをどんどん発言すればよい。

しかし、Bのように「あなたなら」と問われると、自分のこととして考えることになる。本当にできるのか、考えることが必要となる。子供によって、できることは異なるが、それでよい。

文部科学省では、「他者との合意形成や具体的な解決策を得ること自体が目的ではなく、多面的・多角的な思考を通じて、道徳的価値の理解を自分自身との関わりの中で深める。」（平成29年度　道徳教育指導者養成研修ブロック説明会　行政説明資料「道徳教育の抜本的充実に向けて」）といっている。

「あなたなら」という発問によって、「道徳的価値の理解を自分自身との関わりの中で深める」ことができる。

AとBの発問によって、人間が生まれながらにして心の内にもっている良い行いを出させることができる。AとBを比べると、自分自身について考えることができるという点で、AよりBの発問が良い。

リアル教室モラルを考え合う発問例

赤堀博行監修『これからの道徳教育と「道徳科」の展望』（東洋館出版社）によれば、「この内容項目の指導は、従来から難しいとされている。それは、言葉での説明や理屈ではない、美しいもの、人間を越えたものに深く感動することの醸成を大事にする内容項目だからである。」という。感動、畏敬の念の指導が難しいということは、実感としてよく分かる。

さて、小学校学習指導要領（平成29年3月）では、**【感動、畏敬の念】**（第3学年及び第4学年）「美しいものや気高いものに感動する心をもつこと」と書かれている。

リアル教室モラルを考え合う発問例として次のものを提案する。

「つらいのをしんぼうして、じぶんのことよりひとのことをおもってなみだをいっぱいためてしんぼうすると、そのやさしさと、けなげさが、こうして花になってさきだすのだ。」とあります。

> 自分のことより人のことを思って行動したことはありますか。それはどんなことですか。

実際に子供たちが経験したことを聞いていく発問である。しかし、まだこの発問では、「美しい物、人間を越えたものに深く感動すること」が出てこない。

そこで、さらに突っ込んで次のように発問する。

> 自分のことより人のことを思った行動を見たり、聞いたりして、「すごいなあ」と思ったことはありますか。それはどんなことですか。

「美しい物、人間を越えたものに深く感動すること」を直接的に子供たちに聞くのである。

はっきりと言葉にすることで「感動する心」を明確にすることができる。友達の感動体験を共有し、「感動すること」を醸成していく。

教科書題材で考え合う発問と同じように、自分自身に関する発問によって、「道徳的価値の理解を自分自身との関わりの中で深める」ことができる。

ほかに、自然の美しさに感動する体験を直接的に子供たちに発問する例である。

「いままでみたこともねぇ花がさいている……」と書かれています。

> 自然のものを見て、「すごいなあ」と思ったことはありますか。それはどんなことですか。

先の発問と同じように、実際に感動したことを言葉として表現させる。そして、「感動する心」をはっきりさせていく。

子供たちから体験が出ない場合は、まず教師が体験を語る。「桜吹雪が舞っていた時のこと」「辺り一面に菜の花が咲いていた時のこと」「皆既日食でダイヤモンドリングを見たときのこと」など、教師が体験したことを語っていく。

（栃木県真岡市・物部小学校）

崇高さを考える発問

「よりよく生きる喜びについて」考え合う発問例

関澤陽子

「真海のチャレンジー佐藤真海」（出典：文部科学省「私たちの道徳」）という資料を使い、六年生で授業する。

授業のねらい

病気で右足を失った主人公が、逆境を乗り越え、スポーツを通して目標を持って生きていく姿を通して、生きる喜びを感じ、よりよく生きようとする態度を育てる。

気持ちを問わない

一　気持ちを問う発問例

よく道徳の授業で行われるのが「主となる人物の心情を問うこと」である。この発問では、授業は盛り上がらない。特に、気持ちを考えることが苦手な発達障がいの児童は、机の上に突っ伏してしまう。

例えば、以下のような発問が考えられる。

> 手術で右足を切断しなければならない時、どう思ったか。絶望の中、新たなチャレンジを始めた時、どんな気持ちだったか。

二　気持ちを問わない発問例

気持ちを問わない発問例である。

> (一) 絶望の中、なぜ「なんとかしなければ」と前向きに考えることができたのだろうか。
> (二) 佐藤さんは、どんな人だと思うか。

資料に考える手掛かりがあるので、安心して答えることができる。

例えば、(一)の発問では、以下のような二通りの意見が出てくると考えられる。

> A　自分らしい自分にもどりたいと思った。
> B　支えてくれた人のためにもこのままではいけないと思った。

児童の意見を板書し、発表させる。

以下のようにして、考えを整理することができる。

【予想される児童の考え】

A　生きる目的を見つけないといけない。

A　自分は、こんな自分ではなかったはずだ。

A　自分らしい自分を取りもどし、また何か夢中になれるものを探したい。

B　自分を心配してくれる人のためにもこのままではだめだ。

B　支えてくれた人のためにも頑張ろう。

このように意見をAとBに分類する。

また、(二)の発問では、以下のような意見が出てくると考えられる。

① あきらめない人。
② 目標に向かい挑戦する人。
③ 心の強い人。

これらの意見の理由を言わせたり、自分と比べて考えさせたりすることにより、考えを深めることができる。

自分と重ねて考えられる

同じ題材を使い、より自分のこととして捉えて考え合うことができる発問について提案する。

一 感想を交流する

資料を三つに分け、節目ごとに以下のように感想を交流する。

> A 手術で、右足の膝から下を失った場面までの感想。
> B 走ることの楽しさを思い出した場面までの感想。
> C 最後の場面までの感想。

しかし、これらの発問では、自分と比較した感想を全員が書けるとは限らない。考えるための視点を示す必要がある。

二 現実の自分を考える

ここでは、「困難から逃げず克服することで喜びと自信を得ること」を資料を通して理解する。さらに、今の自分の生き方に生かせるようにさせたい。

まずAの場面まで検討した後、以下のような発問をする。

> 現在、自分の困難な事は何か。

【予想される児童の考え】

① 持久走の練習で、苦しくなると練習をやめたくなる。
② 逆上がりの練習をしているが、うまくできないのでやめたくなる。
③ テスト勉強は大事だけれど、続けて集中することができない。
④ 習い事で、なかなか合格できず、やりたくなくなる。

三 克服するために必要なもの

次に、資料のBの場面から、以下のように発問する。

> 真海さんが困難を克服して続けられたのはなぜか。

【予想される児童の考え】

① 目標を持って頑張っていた自分を思い出したから。
② 一緒に練習する仲間を見つけたから。
③ 走る楽しさを思い出したから。

次に、以下のように発問し、交流する。

同じように続けられた自分の経験はどんなことか。

【予想される児童の考え】

① 少しずつ目標を設定したときは、続けられた。
② 楽しみながら練習すると続けることができた。
③ 仲間と声をかけ合って練習すると続けられた。
④ 家族が、ほめてくれたり、助けてくれたりしたときに、やる気が出た。

「困難を克服して続けること」は、難しい。でも、「心の支え」があれば続けることができる。

このような児童の経験を交流することにより、自分の生き方に生かせると感じられるようになる。また、この題材は、今活躍している人物を扱っているので、身近に感じられ、「自分だったら」と自分と重ねて考えやすい資料である。

（群馬県館林市・小学校）

—教師の知らないところで起こるモラルハザード—

キャッチするアンテナの立て方

間　英法

一　発見か訴えか

文部科学省では例年10月下旬に「児童生徒の問題行動・不登校等生徒指導上の諸課題に関する調査結果（速報値）」を公表している。その中にいじめ発見のきっかけの項目が記載されている。平成28年度の国公私立の中学校調査結果によると、「担任」の発見は約10％、「担任外の教職員（養護教諭、スクールカウンセラーも含む）」は約7％である。学校の教職員の目についたいじめの発見は発生件数の約17％に過ぎない。

全体の2割弱しか直接発見できていないのが現状であるという自覚を強く持つべきだ。

この教室にいじめはないと思うところに落とし穴があるのだ。

「私はいじめを受けています」と訴える「生徒」は発見件数の約23％である。「該当生徒の保護者」が約14％である。ほかに、数値が多いのは、「アンケート調査など」であり、39％である。

※調査結果の記載では本人がアンケートに書いているのか、周囲が書いているのか不明。「など」となっているが、「など」の内容は不明。

私は担任と毎日やりとりする「生活ノート」で生徒の記入から、直接聞き取りし、いじめへの指導まで即時対応できたケースと、担任が生徒の記入に対して直接聞き取らず、解決に時間がかかってしまったケースの両方を見聞きしたことがある。

二　早期発見のために

では、いじめを訴えた生徒の相談相手は誰なのか。

「担任」が約74％、「担任以外の教職員（養護教諭、スクールカウンセラー含む）」が約29％である（重複回答あり）。

「友人」が約10％、「誰にも相談していない」が約7％である。

いじめを受けている生徒の中には援助希求能力が低い子がいることを教師は痛切に自覚すべきだ。

助けを求められない子がいる。

教師に情報が入れば、各地方自治体で定められた「いじめ防止基本方針」に則って各校の「いじめ防止基本方針」で対応できる。

生徒からの情報を得るために、打つ手は二つある。

一つ目は人間関係のトラブルに悩んでいる人に気づいたら、伝えやすい学校の教職員もしくは相談機関に教えて欲しいと、機を見て訴え続けることである。時折、そういった相談機関の連絡先が記されたカードが配られることがあるはずだ。

その際、二つ目、いじめを受けている子に伝えたいことを付け加えて次のような話をする。

「自分が嫌なことをされた時に、周囲の大人に言える人と言えない人がいる。自分が我慢すればとか、いつかは解決するだろうとか、助けを求めることは自分の弱さをさらけ出し、それが恥ずかしいと思う人もいるのだ。全国的な調査でいじめの発見件数の約1割が周囲に相談できず悩んでいた。このクラスでそういう人がいたら、ぜひ、私を含めて教えて欲しいし、周囲の人が気づいた場合も教えて欲しい。また、学校外の相談機関もある。人間関係の悩みは何かをすることで解決に向かうことができる。訴えたら、逆により悪化するかもしれないと心配するかもしれない。しかし、解決には多くの方法がある。そう心配することも含めて、まずは相談して欲しい。」

三　ネットでのいじめ

先の調査では、「パソコンや携帯電話等で、ひぼう・中傷やいやなこと」をされるのは8％である。

※暴力などと重複回答可

極論を言えば、ネットについては学校の管理外で対応は保護者対応となる。しかし、人間関係は学校で構築されたものが多く、必然的に学校の教職員が関わることとなる。ネットいじめの発見は、本人または保護者および周囲の生徒からの情報に頼らざるを得ない。基本的な対応は保護者としながらも学校も相談に乗り、学校内での生徒の人間関係に注意してみていく必要がある。

事前に、ネットいじめの基本的な対応方針を家庭に周知して発見した場合、淡々と進めていくのが良い。

四　確かな対応が次の情報を集める

情報が上がってきた場合、本気で確実な対応をしていかないと死者が出る。その気構えと対応が次の情報を集めることになる。

【引用】「文部科学省　平成28年度　児童生徒の問題行動・不登校等生徒指導上の諸課題に関する調査結果（速報値）」

（新潟県・公立中学校）

キャッチするアンテナの立て方―いじめ・ネットモラルを中心に―

高度情報化社会の道徳教育とは

下田博次

◆新方針への疑念

文科省は過日、いじめ防止協議会の提言を受けて特別教科道徳の充実を目指す方針を明らかにした。私は道徳学者でもなく、情報メディア研究者であるが、この文科省の新しい動きについて、いくつかの疑念を含めた私見を述べたい。

文科省の言う「いじめ防止のための道徳教育」では、旧来の官製テキストを使った型通りの授業から生徒の主体性を強めるための個々の教員の創意工夫による授業を求めるもので、従来からの方針転換だろう。だが、この方針転換は、情報モラル教育の問題もあり、教育現場の教師達に過剰な負担と混迷をもたらすリスクもあると私は考える。言うまでもなく、道徳教育は人間社会の本質的変化を前提にしなければ意味がない。民主制社会の道徳と封建社会の道徳とは自ずと違いが出る。高度情報化した民主社会で、前時代的道徳は通用しないはずである。子ども達、とりわけ思春期の青少年は、言論の自由など民主主義をもとにした高度情報化社会をより良く生き抜かねばならず、そのための能力としての道徳的社会性を身につけなければならない。

今日の高度情報化社会を、コンピュータ技術（人工知能型と認知型を含む技術進化）と、それをベースにしたインターネット（ウェブ）社会だと理解するならば、このネット社会をより良く生きるための道徳教育が必要になる。その教育プログラムがなければ子ども達は良きネット社会の担い手にはなり難く、悪くすれば、成人する前に非行犯罪の群れに陥ることになる。実際に世界のどこよりも早くケータイ（携帯電話の一種ウェブホン）と呼ばれるネット端末機を手にした我が国の中高生達は、このウェブホン（ネット端末機）をエゴイスティックに使い、旧来の書籍やテレビ等マスメディアの時代にはなかった情報化時代の新奇な非行、犯罪行為（有害情報の受発信）に走ってしまった。ケータイを利用した少女売春や少年達の薬物、不法製品の売買などがそれで「ネットいじめ」という新種の非対面いじめ行為は、その一部でしかない。そして警察沙汰に発展する有害情報の受発信といじめ発信は無関係ではないと知るべきだ。私は法務省の機関誌に、女子高で起きた事件（同級生へのネットいじめ行為としての強制売春）について解説したことがある。

◆情報モラル教育の問題点

勿論、生徒の悪しきネット利用対策としての情報モラル教材はある。ケータイ利用の逸脱、非行、犯罪の防止など社会的責任を求められた校長あるいは教員（特にIT教育担当教員）たちの中には「いわゆるケータイ利用問題には情報モラル教育で対応しているから大丈夫」と私に語りマスコミにも説明した。しかし現実に中高生のケータイ利用問題の抜本的解決に至らず、ケータイに代わるスマートフォン（スマホ）やタブレット利用時代に入り有害情報に加えネット依存（中毒）の問題が拡大するなど事態はむしろ悪化している。私はメディア研究者としてフィルタリング利用の法制化に協力したが、その有害受発信防止のフィルタリングやネットパトロールもスマホ時代に実質無効化され、そのため情報モラル教育の推進は困難化したと判断している。現に私は、いくつかの県の教員向け情報モラル教育推進責任者から悲痛な訴えを聞き、助言も求められた。教員、校長らの情報モラル学習上での不満は、およそ4点に集約できよう。①新造語としての情報モラルの概念理解が難しく納得できない。②進化するモバイル端末利用による問題行動の把握と予測に役立たぬ。③モラルよりウェブ端末の操作教育を優先させる教員もいる。情報モラル教員は端末操作方法よりもネットの設計思想すなわちインターネットが創られた目的などを教えた方が、生徒のネット悪用防止に役立つはずだ。④保護者の情報モラルの理解が期待できない。

◆保護者向け啓発が必要

携帯端末利用による生徒の仮想空間での思考、行動様式の変化は、従来の教室や地域社会など実空間での生徒指導方法では把握し難い。むしろ家庭生活での日常的変化がいじめを含む問題行動の予兆、実態理解の力となる。それ故ネット悪用と乱用防止（依存）問題は学校だけでなく家庭との連携が現状把握、問題解決の力となる。そのため教師は保護者との連携に必要な知識「ペアレンタルコントロールの理論」を学ぶべきであろう。この理論は、子どもを守る保護者にとり有益な知識であるが本稿では字数制限のため全文を紹介できない。下田が発信している「メディア学校（http//下田.net）」のコラムをご覧いただきたい。

（群馬大学名誉教授）

道徳の評価＝教科書登場でどこが変わるか

前田吉法

平成三十年度から道徳教育が本格実施になる。授業はもちろんだが、評価をどうしていくかが大きな課題となっている。

ポイントは大きく三つある。

> 一　数値ではなく記述式で行う評価
> 二　個人内評価として行う視点
> 三　自分との関わりで道徳的価値を捉えているかの見える化

一　文部科学省が示す評価の考え方

評価について文部科学省は以下のように示している。

> 【道徳科における評価の基本的な考え方】（一部抜粋）
> 道徳科の特質を踏まえれば、評価に当たって、
> ・数値による評価ではなく、記述式とすること。
> ・個々の内容項目ごとではなく、大くくりなまとまりを踏まえた評価とすること。
> ・他の児童生徒との比較による評価ではなく、児童生徒がいかに成長したかを積極的に受け止めて認め、励ます個人内評価（※）として行うこと。
> ・学習活動において児童生徒がより多面的・多角的な見方へと発展しているか、道徳的価値の理解を自分自身との関わりの中で深めているかといった点を重視すること。
> ・道徳科の学習活動における児童生徒の具体的な取組状況を一定のまとまりの中で見 取ることが求められる。
> ※個人内評価……児童生徒のよい点を褒めたり、さらなる改善が望まれる点を指摘したりするなど、児童生徒の発達の段階に応じ励ましていく評価

記述式ですること、個人内評価であること、自分自身との関わりの中で深めているかということ、すべて、明記されている。この三つの視点で評価をしていく必要が

ある。

二　評価のための授業作り①～記述式への対応～

ポイントを理解した上で、実際の授業の中で評価のために何をするとよいのか考えなければならない。記述式になるため、記録をしっかり取っていかなければならない。文科省が明確に示している。

【道徳科の評価の方向性】
○評価に当たっては、児童生徒が1年間書きためた感想文をファイルしたり、1回1回の授業の中で全ての児童生徒について評価を意識して変容を見取るのは難しいため、年間35時間の授業という長い期間で見取ったりするなどの工夫が必要。

三　一年間を通して評価する

評価をする際に、一時間一時間でどんな変化があったかということではなく、大きな枠組みで捉え、三十五時間の中で評価していく。そのためには、しっかり記録をとっていく必要がある。そのための方法は様々考えられる。

①道徳ノートの記述欄を活用する
②道徳専用のノートを作る（感想文）
③ポートフォリオにして綴っていく
④作文

どんな方法でもよい。とにかく、記録をとり、変容を大きく捉えていくことが大切だ。この資料がないと、一時間の言葉などを捉えての評価になってしまう。大きく成長を捉えるのがポイントだ。

四　評価のための授業作り②～個人内評価への対応～

道徳の評価は、他の児童生徒と比べて評価するのではなく、児童生徒がどのように成長したかを教師が見極めて、認め、励ますような評価でなければならない。では、何を評価するのか。具体的に四点示されている。

①道徳的諸価値の理解
・価値理解　道徳的価値のよさ、素晴らしさ
・人間理解　道徳的価値の実現の難しさ
・他者理解　道徳的価値の多様さ
②自己を見つめる
③多面的、多角的に考える

④自己の生き方についての考えを深める

具体的にどのような記述があるのか。文科省が示す文例を紹介する。

「カーテンの向こう」を教材として使った授業がとても心に残っているようです。物語中に出てくる人物の優しさを感じたりしたようです。この授業を通じて、人間の心の機微が少しずつですが理解できるようになったのではないでしょうか。

【文科省 道徳における評価の現状についてより】

ポイントは積極的に励ますという点に着目して、文章で通知表に記載するということだ。

五 評価のための授業作り③～自分との関わり～

自分との関わりということは、これまでの自分の経験やそのときの考え方、感じ方と照らし合わせながら、更に考えを深めることが求められる。さらに、文科省は、

多面的・多角的な思考の中で、道徳的価値の理解を自分自身との関わりの中で深めているか

と示している。この目標を達成するためには、まずは、教師自身が、教材を使ってどの価値を学習するのかを明確にし、さらに、どのような多様な意見が出てくるのかを予想しなければならない。教科書教材でどの価値をねらうのか、そのためには、どんな発問がよいのかということだ。ポイントは、自分事として考える発問を入れるということだ。例えば、

（登場人物）の行動に賛成か、反対か、どちらでもないか

このような発問をすることで、自然と自分事として子どもは考えるようになるだろう。また、どちらでもないという選択肢を入れることで、別の行動がないかまで考えることができる。自分だったらどうするか、昔こんなことがあったといった、自分との関わりの中で考えられるようになる。

この三つの視点を意識して道徳の授業を年間を見通して計画的に作り、組織的に実行していくことが今後の道徳教育を実践するために必要になってくる。

（静岡県裾野市・西小学校）

道徳ノート・学びの記録フォーマット&活用例

毎時間2ページを使う。1ページは、授業の記録討論メモ、1ページは、授業の感想

河田孝文

道徳が「道徳科」という教科として実施される。

これまでの道徳授業の延長線上にはあるのだが、変更改善点もたくさんある。

その中の一つが、

「考え、議論する道徳」

という視点である。

「考え議論する道徳」の授業を、読み物資料「星野君の二るい打」で取り組んだ。

あらすじは、次の通り。

> 野球の試合で、星野君の打席。
> その日、星野君の打撃は不振。監督からバントの指示があった。星野君は打ちたかった。しかし、監督の指示は守らなければ……と葛藤。打席に立った星野君への第一球は、大好きな近めの高い球！　星野君は振り切った。結果はヒット。二塁打だった。この打撃がチームを勝利に導いた。星野君は英雄となった。
> しかし、後日の練習で、みんなを集めて監督からの話がはじまる……。「試合には勝てたが、星野君は、私の指示を守らなかった。チームとして、これはよいことなのか。みんなに一度よく考えてもらいたい。」

読み物資料を活用した道徳授業は、次のような組み立てで進めている。

① 資料の読み聞かせ
② ノートに考えたこと、思ったことを書く。1ページ。
③ ノートの要約、または抜粋を黒板に書く。
④ 黒板を読む。
⑤ 意見交換。
⑥ ノートに考えを書く。

この時間は、この流れを変えた。ノートに考えを書いた後、テーマを決めて板書した。

> 「かんとくの指示を守らなかった星野の行動」は、〇か×か。

考え、議論するテーマである。

「かんとくの指示を守らなかった星野の行動」は、「〇」か「×」か。

この論題へ、子供たちは、どちらの立場をとるか、興味があった。

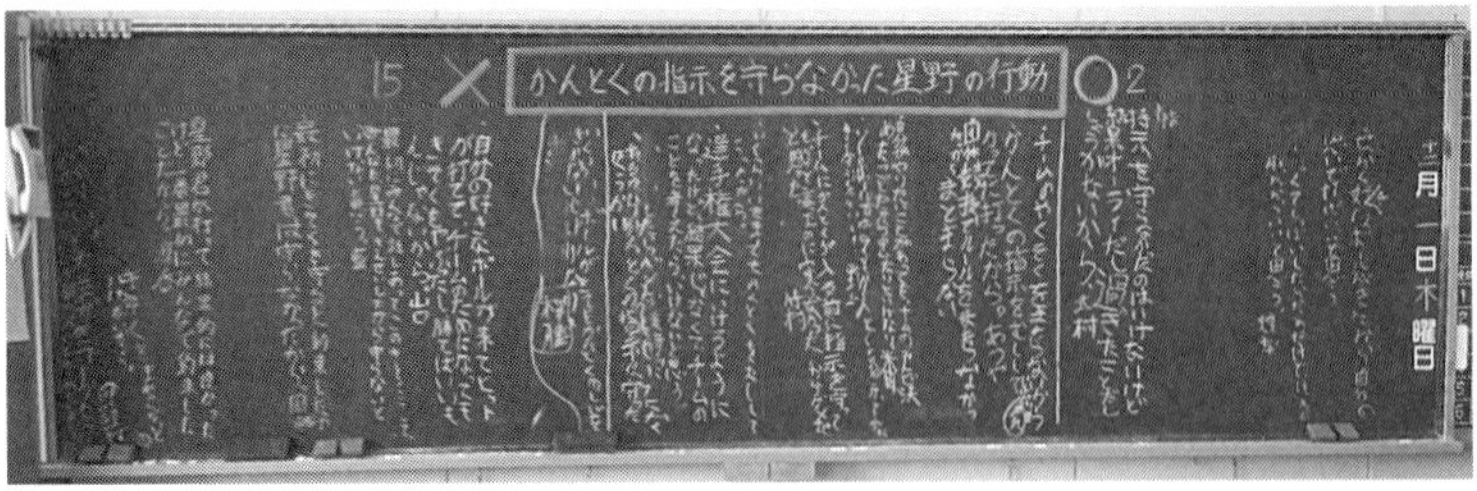

私の予想は、「○」が圧倒的多数だろう⁉　だった。

「結果オーライ」という考え方も一つの選択肢だと思っていたからだ。

しかし、ふたを開けてみると、予想と正反対だった。

○：2 vs

×：15

圧倒的多数が、星野君の行動に反対しているのだ。

「監督の指示に従う、というルールを守らなければならない」という理由からである。

黒板に自分の立場と理由を書いた。上のように。

討論の時、私は、このように黒板を子供たちに開放する。論争の相手を明確に特定できるようにである。

討論中は、発言をするのは、もちろんだが、ノートにも記録を書くよう促している。

討論中のノートは、まとめではないので、文字の丁寧さは、問わない。走り書き、殴り書きＯＫ。

発言の下書きでもＯＫ。

例えば、次のようなノートである。

討論の様子を少し紹介する。

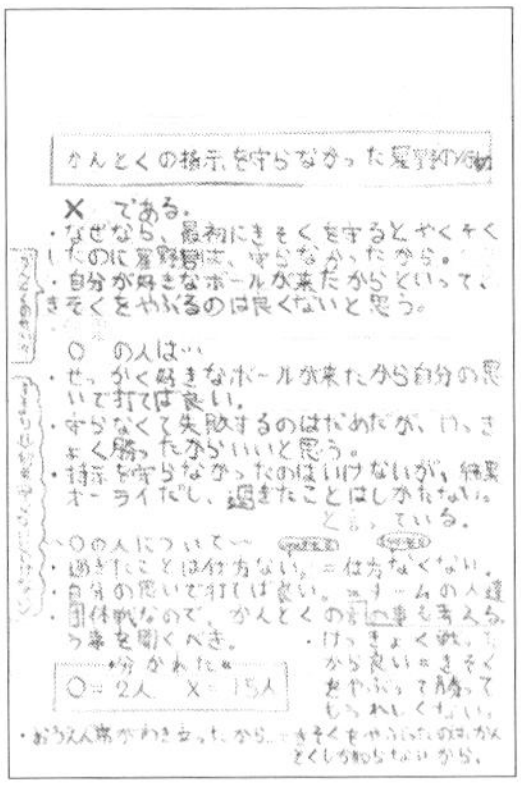

圧倒的少数「○」派の二人は、果敢に論争に挑んだ。

圧倒的多数「×」派のみんなを次々に迎え撃つ。

Sは、「×」派だが、「○」派のいうことには納得できる部分もあるとのことだった。このように、完全に○、×と分かれない、折衷案も討論では登場する。それもよい。しかし、最初から「どちらでもよい」派を作ると、多くがそちらに流れる。二者択一が、討論テーマの大原則である。

子供たちのやり取りを聞きながら、それぞれ自分の立場をしっかり決めて臨んでいる姿に感心した。

4月、子供たちと授業を始めた時にはイメージできなかった姿である。どの子も、堂々と自分の考えをみんなの前で表明しているのだから。

考え議論する道徳は、「子供たちがそのようになってから」というのでは永遠に来ない。今すぐ挑戦することをお勧めする。新しい道徳授業の突破口が必ず見えてくるはずだ。

多くの子供が発していた次の意見にも感心した。

「勝つことも大切だが、ルールを守ることが大切」

様々な発言があったのだが、組織に所属しているからには、そこのルールを守ることは絶対、という大意だった。

子供たちの休み時間や体育の時間の様子を見ていると(特に男子)、「勝ちが最優先」と勝手に思っていた。

集団生活の大原則「ルールを守る」という視点がしっかり身に付いているということだ。もちろん、少数派「○」の子たちも、そのことは踏まえている。その上で、「勝負」というバイアスを考えているということだ。

○派、×派の人数分布は結局変わらなかったが、子供たちは、様々な側面から、この資料の内容を検討する結果になった。最後に、次のような話をした。

「みんなの討論は、とてもよかった」殊勲賞の子供を何名か発表した。

そして、次の話をした。「2015年のラグビーワールドカップで世界最強の南アフリカを破った全日本チームは、試合終盤、チャンスを得る。ペナルティキックをすれば引き分け、スクラムトライをすれば逆転。スクラムでトライできなければ負け。監督エディ・ジョーンズは、キックの指示を出す。しかし、キャプテンのリーチ・マイケルは、監督の指示に従わずスクラムを選択。監督は激怒！　結果、日本チームは、奇跡のスクラムトライを決め、南アフリカに世紀の大勝利をする。これはどう考える？」と。

討論終了後、ノートに1ページ考えを書かせる。紹介する。

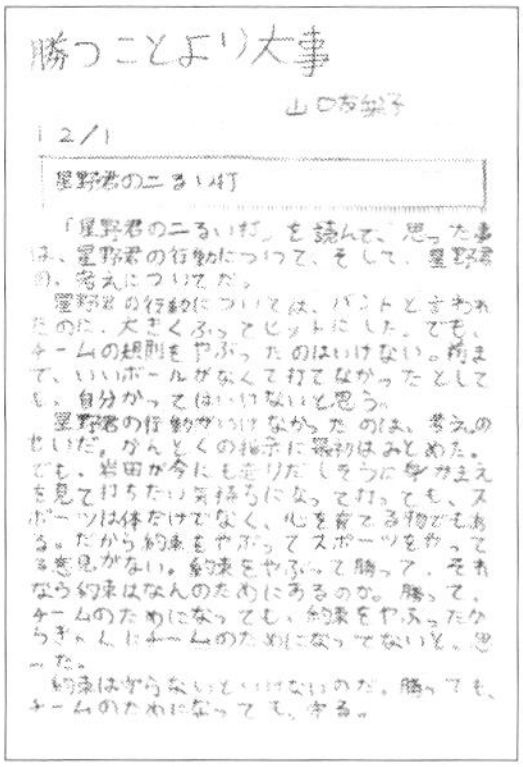

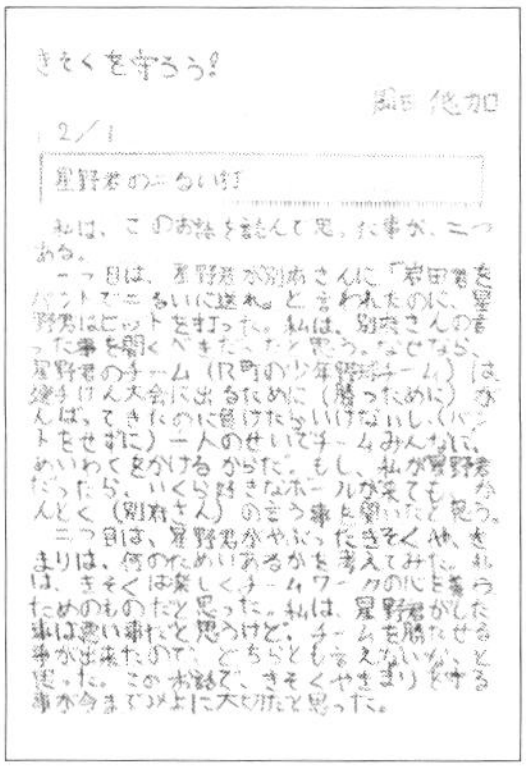

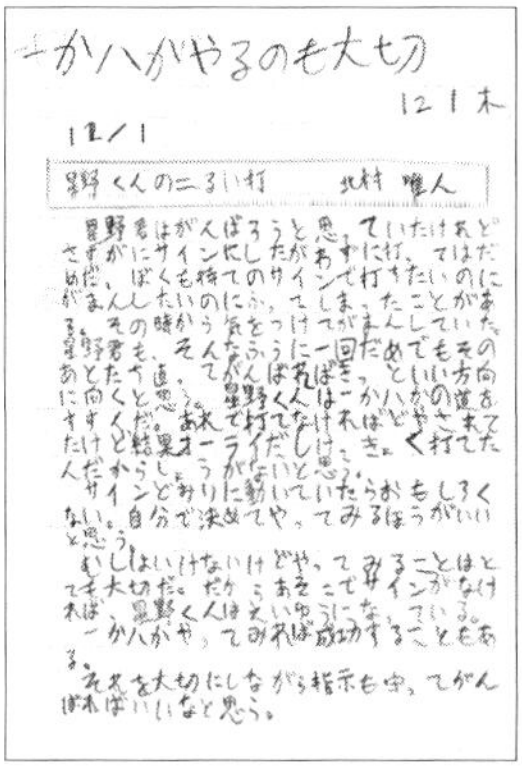

(山口県下関市・楢崎小学校)

道徳ノート・学習の振り返りフォーマット＆活用例
明確な視点を持って授業に臨む

石坂　陽

道徳の授業で、終末に子どもに振り返り等をさせる。この時、明らかにとんちんかんな内容が多く書かれたとする。これは教師の授業に問題がある。教師がその道徳の授業の内容項目を明確にしていなかったからである。

道徳の授業づくりにおいて、よくあるのが、「資料をもとに発問を組み立てる」というスタイルである。「この資料ならば、このような発問を」というように、である。

ここで、大切にしたいことがある。それは、「その教材を通して考えさせたり、学ばせたりする『価値』は何なのか？」ということである。

先に述べた、「価値理解」という概念が大切になってくる。

では、真っ先にすべきことは何か？

それは、学習指導要領を読み込むことである。学習指導要領を読み込み、その道徳の授業の価値の方向性を明らかにする。

> 子どもから、どんな意見が授業で出ることが望ましいのか？

といったことを考える。

そして、発問を考える。ここに付けた道徳の授業づくりワークシート、ふり返りシートをもとに、授業をつくると効果的である。

（石川県かほく市・宇ノ気小学校）

ふり返りシート（児童用）

次のいずれかの観点でふり返りを書きましょう。

1	この授業を通して、新たに分かったこと
2	この授業を通して、考えが深まったこと
3	今の自分にとって、一番大切だなと思うこと
4	これからのすごし方について考えたこと
5	人の意見を聞いて、ためになったこと
6	授業そのものの感想

道徳の授業づくりワークシート（教師用）

1　本時の内容項目

―（　　　）　第　学年（　　　　　　　　　　）

2　学習指導要領における記述（授業で大切にしたいこと）

道徳の学習指導要領を読む。

読んだ上で、これは大切だなと思う記述をメモする。

3　自分の学級の児童（生徒）の実態

道徳の学習指導要領を読んだ上で、自分の学級の児童（生徒）ができている要素とそうでない要素を把握し、記述する。

4　児童（生徒）から出させたい意見

学習指導要領や資料をもとに、どのような発言が児童（生徒）から出ればいいのか明記し、方向性を明らかにする。

5　授業の発問・指示と、予想される児童（生徒）の反応

学習指導要領と資料をもとに導き出された、「児童（生徒）から出させたい意見」を出させるための発問を明記する。

発問は、3～4個程度に絞る。その際、予想される児童（生徒）の反応を考える。こうすることで、教師は授業中に児童（生徒）の意見を分類できる。分かりやすさにつながる。


上記の授業づくりワークシートは、毎時間作成するものではない。

研究授業や公開授業の時や、あるいは、学期に1回程度作成することで、道徳の授業づくりの視点が養われるのではないかと考える。

ただし、学習指導要領は、毎週、授業前に読んで、価値の方向性を明らかにした方が無難である。

※次ページはコピーをとって、活用してほしい。

道徳の授業づくりワークシート（教師用）

1　本時の内容項目

一（　　　）　第　　学年（　　　　　　　　　　　　　　　）

2　学習指導要領における記述（授業で大切にしたいこと）

3　自分の学級の児童（生徒）の実態

○

△

4　児童（生徒）から出させたい意見

5　授業の発問・指示と、予想される児童（生徒）の反応

道徳ノート・ポートフォリオ フォーマット＆活用例

多角的・多面的な考えを残す

奥田巖文

TOSS道徳代表の河田孝文氏から、副読本の使い方を教えてもらった。

多くの資料に対応できる汎用性の高い方法である。

また、昨年までの勤務校は全国小学校道徳教育研究会の全国大会を引き受けていた。校内研修での学びも含めて、授業の組み立てを次のようにした。

1 内容項目について考える
2 副読本の資料を読む
3 感想を書く
4 感想を交流する
5 主発問をする
6 議論する
7 学びをまとめる

私の力の低さから、子供達に考えさせたい価値から、授業が脱線してしまうことがあった。

そこで、河田氏の組み立てに加えて、最初に、内容項目についてのイメージをもたせるパーツを付け加えた。

こうすることで授業の芯がぶれることが少なくなり、議論の時間も取れるようになった。

以上のような組み立てから、私のクラスの道徳ノートは、次のようなフォーマットになった。

内容項目とそれについてのイメージ
資料を読んだ感想
議論の準備
今日の学び

文章の量は、内容や子供のその時々の力で異なるので、一ページにまとめることにはこだわっていない。

左が、子供のノートである。

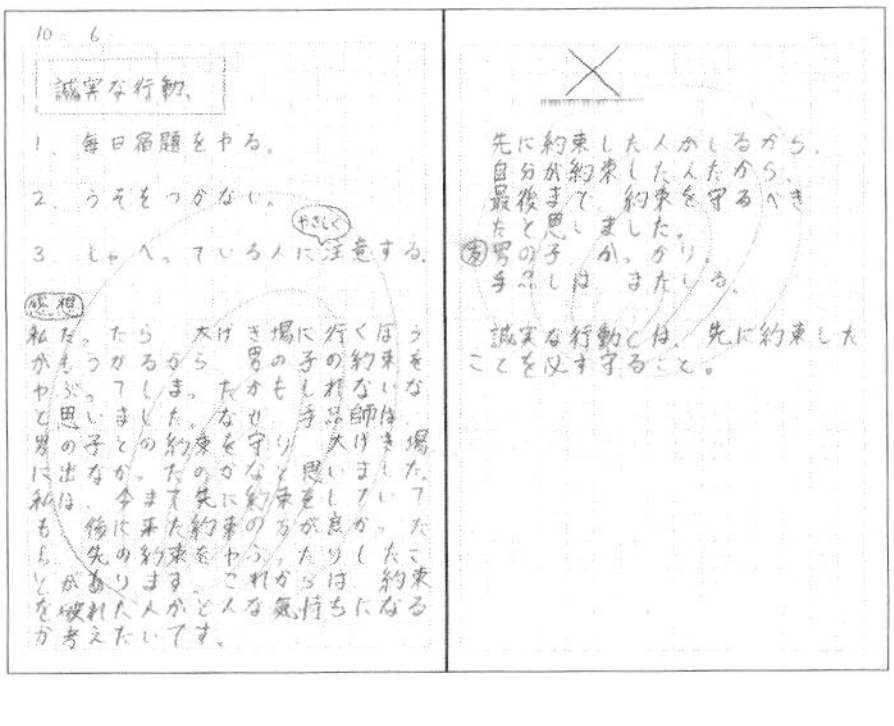

議論の課程　記録と考察

組み立てが明確なので、子供達は見通しをもって学習を進めることができる。また、学習した内容や考えたことをはっきりと残せる。

左のノートは、先のノートと同じ時間の、別の子供のノートである。

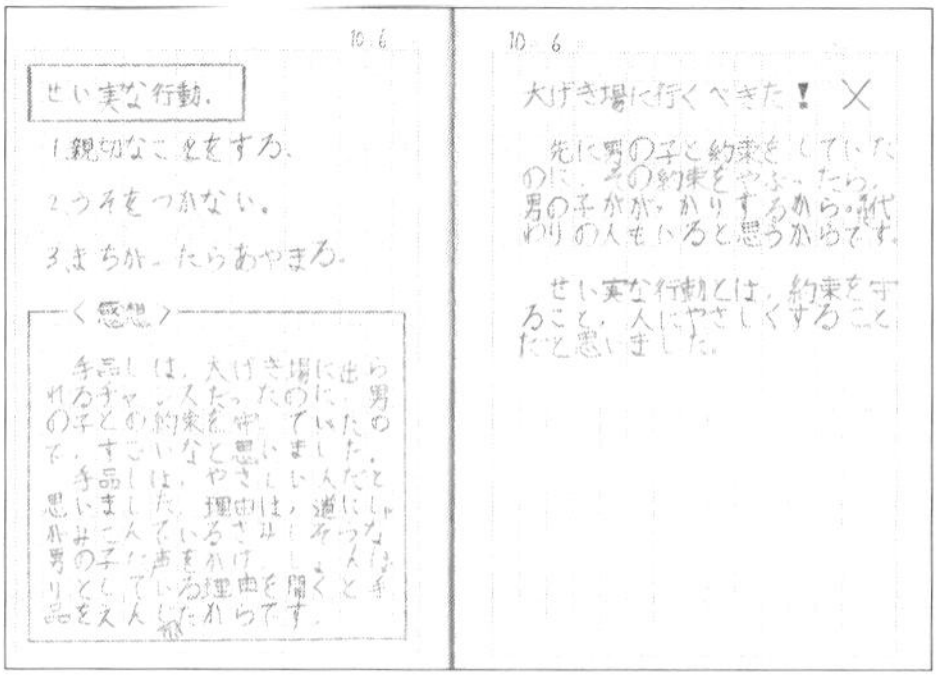

先のノートと異なり、感想を青四角で囲っている。私が指示したわけではないが、自分なりのフォーマッ

トを確立している。

黒板はこのようになる。感想を書いた後、その一部を要約して黒板に書き、これを発表する。

発表の後、質疑応答する中で、多面的な考えに気付き、自分の考えを深める材料を増やしていく。

例えば、7や20の意見に「知美は親切」と書いてある。このような意見があると、すかさず、「どうして親切と考えたのですか」という質問が飛んでくる。

同じ「親切」という意見でも、根拠となる考えは異なっていることもある。この時も二人の考えの根拠は異なっていた。

一人は、ホームステイの外国人のためにしっかりと準備したことを根拠としていた。

もう一人は、答えられなかった質問について、調べなおしたことを根拠としていた。

同じ表現でも、このように違いがあるということは、話し合いをすることでわかるということが実感できたのではないだろうか。

このような意見の交流をすることで、友達との共通点や相違点に気が付くことができる。だから、主発問をしなくても、自然発生的に議論になることもある。二学期になると、あえて大雑把に書いて、質問を待つ子供も増えてきた。友達とやり取りをする楽しさが浸透してきた感じがある。ＴＯＳＳの指導の特徴である、学び方の指導がベースとなっているので、自分達で学びを積み重ねる力が伸びてくる。

議論の中では様々な価値が登場してくる。黒板を示した授業で扱った内容項目は「国際理解」であるが、「思いやり」や「礼儀」、「相互理解」といった項目も話の中に出てくる。

文科省の赤堀博之氏の講演の中で、

> 将来、様々な課題のある場面に出会ったときに、どの価値を優先するのかを吟味し、行動を決定できる力を育てたい。
> （文責：奥田）

という内容の話があった。

例えば、「節度・節制」の授業では次のように考えが変化している。

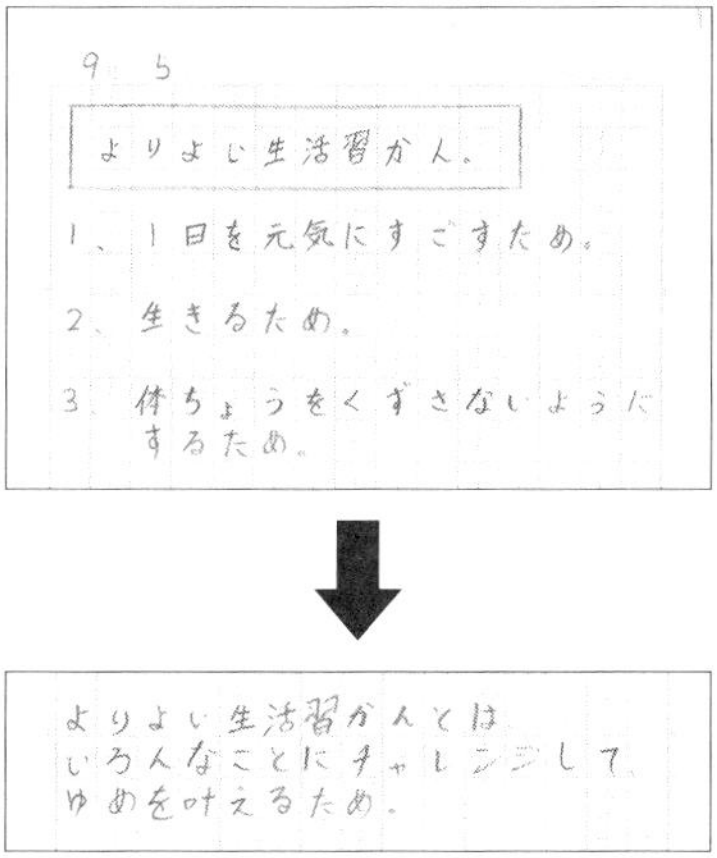

「希望と勇気」「よりよく生きる喜び」とセットで考えられるようになっている。

本稿で紹介した授業の流れにすると、子供達は、様々な項目と共に議論を行うようになる。

このような経験をすることによって、多面的な考え方を知り、多角的に物事を考えられるような力が育ってくるという実感がある。

議論するときに、ノートをさかのぼって、「前に勉強した○○では、」と発表する子供もいる。考えをワークシートではなく、ノートに積み重ねることによって、このように考えの広がりを可能にすることができる。

また、決まったフォーマットなので、子供達も素早く検索することができる。

（山口県周南市・鹿野小学校）

道徳ワークシート・学びの記録
実物&活用例

吉谷　亮

道徳科の評価について

道徳科の評価において大きく言われていることは以下である。

1　数値による評価ではなく、記述式とすること
2　学習活動において児童生徒がより多面的・多角的な見方へと発展しているか
3　自分自身との関わりの中で道徳的価値を深めているか
4　これらを一定のまとまりの中で見取ること

これらのことがあるため、ワークシートという形でポートフォリオのように蓄積していくことが求められているのである。

では、ワークシートを作成するときに気を付けなければならないことがある。まず、読み物資料によってワークシートの形式が大きく変わらないということである。

形式が変わってしまうと年間を通した評価が難しくなってしまうのである。そのため、ワークシートの形式はできるだけ変えずにいた方がよいと考える。

また、児童の見方が多面的・多角的に発展しているのかを見取るためには、考え、議論する活動過程を通しての変容を見取る工夫も必要となってくる。

以上のような理由から、ワークシートの形式として、次のような工夫を提案する。

ワークシートの工夫

感想を書く欄を上下に設ける。上段は資料を読んで、初めの感想を書く欄である。児童には、「最初に思ったこと、読んで考えたこと」を書くように指示する。特に分量は指定しない。上段だけでは書ききれない場合は下段まで書いてもよいとする。学習の出発点となるところなのでしっかりと書く時間を確保する。

そして、下段には最終的な感想を書く。「今日の学習で、わかったことは何ですか。考えた理由や、今までの自分はどうだったか、これからどうしていきたいかなども書いてみましょう」と助言する。このように

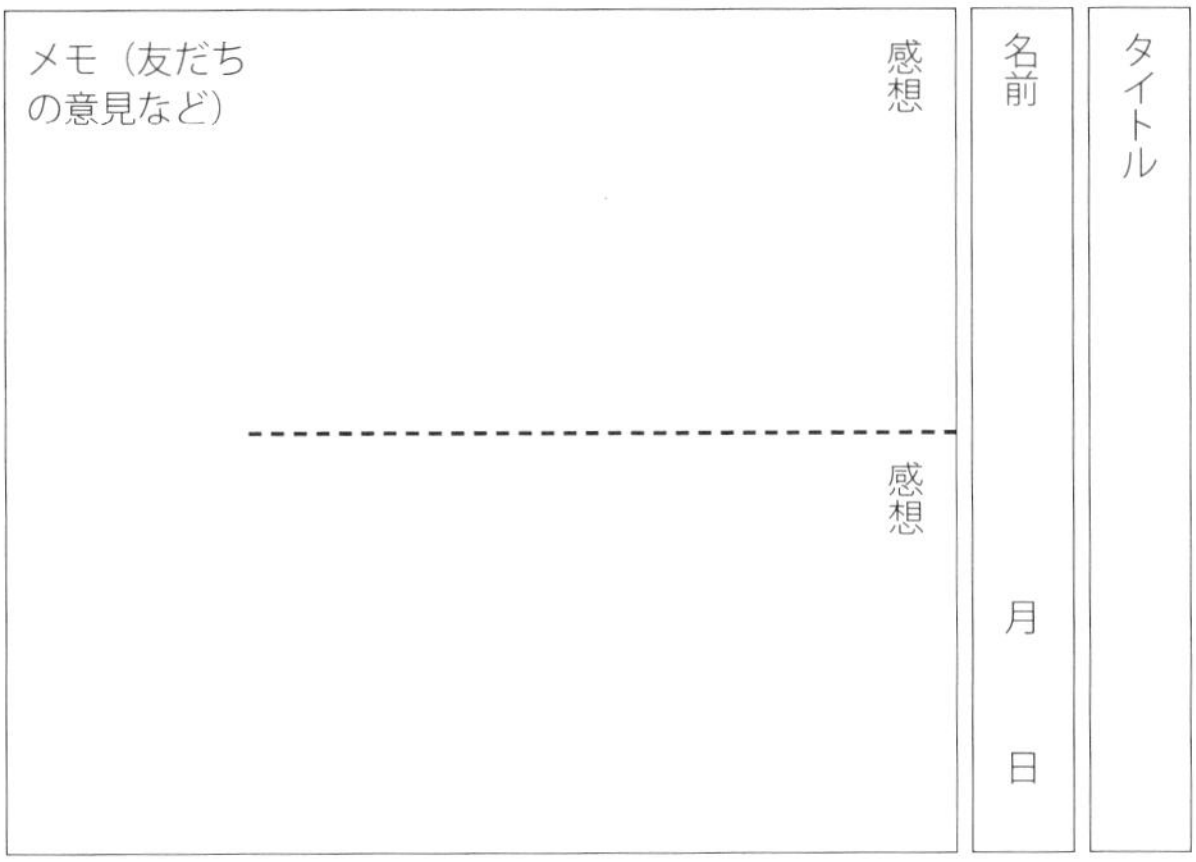

して、自身の変容を意識して書くよう授業の中で常に指導しておく。そのときに、「友達の考えを聞いて自分の考えが深まったこと」や「道徳の時間の後で考えたこと」などの視点を与えておくと、なかなか書けない子への助言となる。

そのため、考え、議論する過程を意識するためのメモ欄も設けた。これは、途中の友達の意見などをメモしておくことで、最後の感想を書くときの助けになる。また、メモから児童自身がどのような意見や考えに影響を受けたのかを見取ることもできる。

これらをポートフォリオとして蓄積し、ファイリングしていくことで記述の質の変化を見取り、評価することが可能になるのである。

授業の形式

ワークシートの形式を大きく変えないと書いたが、授業の形式も基本形がある。

これは、TOSS道徳代表の河田孝文氏が日常の道徳授業で実践している授業形式である。

大まかな流れは以下である。

1 資料を読む
2 ノートに感想を書く
3 黒板に意見・感想を書く
4 意見交換をする
5 ノートに授業の感想を書く

日頃から、討論や作文指導をしているという前提になるが、大変効果的な指導法である。

シンプルなように見えるが、とても奥の深い授業形式であり、日ごろの道徳授業で追試している。

授業の実際

6年生『「あたりまえ」をやぶるかぎ』（白川英樹（文溪堂））という読み物資料での実践である。

ノーベル化学賞を受賞した白川英樹博士は、幼年時代からよく物を観察する習慣があった。大学の助手として研究に打ち込んでいる時も、研究員が失敗と判断したものを失敗と捉えずに注視し、大発見をした話である。

まず、この話を最初に読み、感想を書かせる。児童は、それぞれの考えや気付きをワークシートの上段に書き込んでいく。ある程度書けたところで、今書いた感想を短く要約したものを黒板に書いていく。要約させるということは、今長々と書いた感想に書かれている自分の考えを整理することにつながる。初めの段階で学び取った内容の中心を意識することができる。

ほぼ全員が黒板に書き終えたところで、全員の意見を読む。要約されているため、それぞれの主張が一目瞭然となる。そして、意見を交流する。この時、共感や反論、疑問など自由に意見を言い合うようにする。ここでは、他教科で行われる討論や質疑応答の力が生きてくる。

アクティブ・ラーニング型の授業が叫ばれているが、一部の教科のみで行うのではなく、考え、議論する道徳が求められている以上、あらゆる教科で、その素地は作っておかなければならない。

今回の実践では、大きく「物事をよく観察することが大事だ」という意見と「失敗を失敗とせず成功に生かすことがすごい」という意見が出された。対立点を議論するという形にはならないため、共感や自分の意見を強化するという傾向が強かったが、これも考えの深まりにつながる活動となった。

そして、最後に今の意見交流を踏まえてもう一度感想を下段に書く。今回は、友達の意見を聞いて、白川博士から学んだ生き方が感想に並んだ。

（山口県下関市・垢田学校）

道徳ワークシート・学習の振り返り

実物&活用例

加藤宣行

ワークシート

ワークシートの役割には次のようなものが考えられる。

1 作業
2 学習補助
3 記録・まとめ
4 評価

授業には学習内容があるので、その内容の効果的な定着のために行うというのが基本であろう。ノートにメモを取るだけでは、どうしても受け身になってしまうので、課題に対して自ら取り組むという、活動的な要素を取り入れるという意味合いもあろう。また、学級の子どもたち一人一人に活動を保証できるので、定着度の均一化にも貢献していると思われる。

ただ、それはあくまでも「学習内容の効率的な定着」と「到達度の均一化」が主眼である場合の話である。今回の「特別の教科・道徳」の場合は事情が異なってくる。紙面の都合上、詳しい説明は割愛するが、これからの道徳は、「答えが一つではない道徳的な行動規範を、深く考え議論するという、非効率的な活動様式を取り入れながら子どもたち一人一人の納得解を導き出させる」という意味合いをもつからである。

つまり、ねらう方向は共有するが、そこに向かう道のりは人それぞれであり、そのような多面的・多角的なアプローチをしながら、最後は自分の言葉でまとめるのである。

結果として、ワークシートは熟達してくればくるほど、子どもが違っても同じような「作品」が仕上がるのに対し、道徳ノートは、慣れてくればくるほど同じ授業でも全く違うノートとなるのである。

双方にメリット・デメリットがあろうが、私は道徳ノートを使っている。なぜなら、道徳ノートには、ワークシートのもつ役割以外に、次のようなそれを期待できるからである。

5 思考の広がり、発展
6 意識の継続、実生活や次の授業へのつなぎ道徳の授業だけでは、道徳的実践力は育たないと言ってもよいであろう。道徳の授業をきっかけにして自らが実生活で実践し、実感したことが、道徳性を育み、よりよく生きる主体としての判断力や意欲を引き出していくのである。だからこそ、道徳ノートのように、継続性のある媒体が必要なのである。子どもたちはそれを携えて実生活や次の授業へと思考を重ねていくのである。

道徳ノートの具体

4年生の生命尊重の授業、教材は光文書院の「500人からもらった命」

この写真は、授業が終わっても、子どもたちが板書の周りに集まって、書き込みをしている様子である。

4年生の授業が終わった休み時間の一コマである。

この授業の時のノートが下のものである。

黒板に書かれたものと似ているが、違うことにお気づきだろうか。一人一人が、板書も参考にしながら、書きながら考え、自分だけのノートに仕上げている。

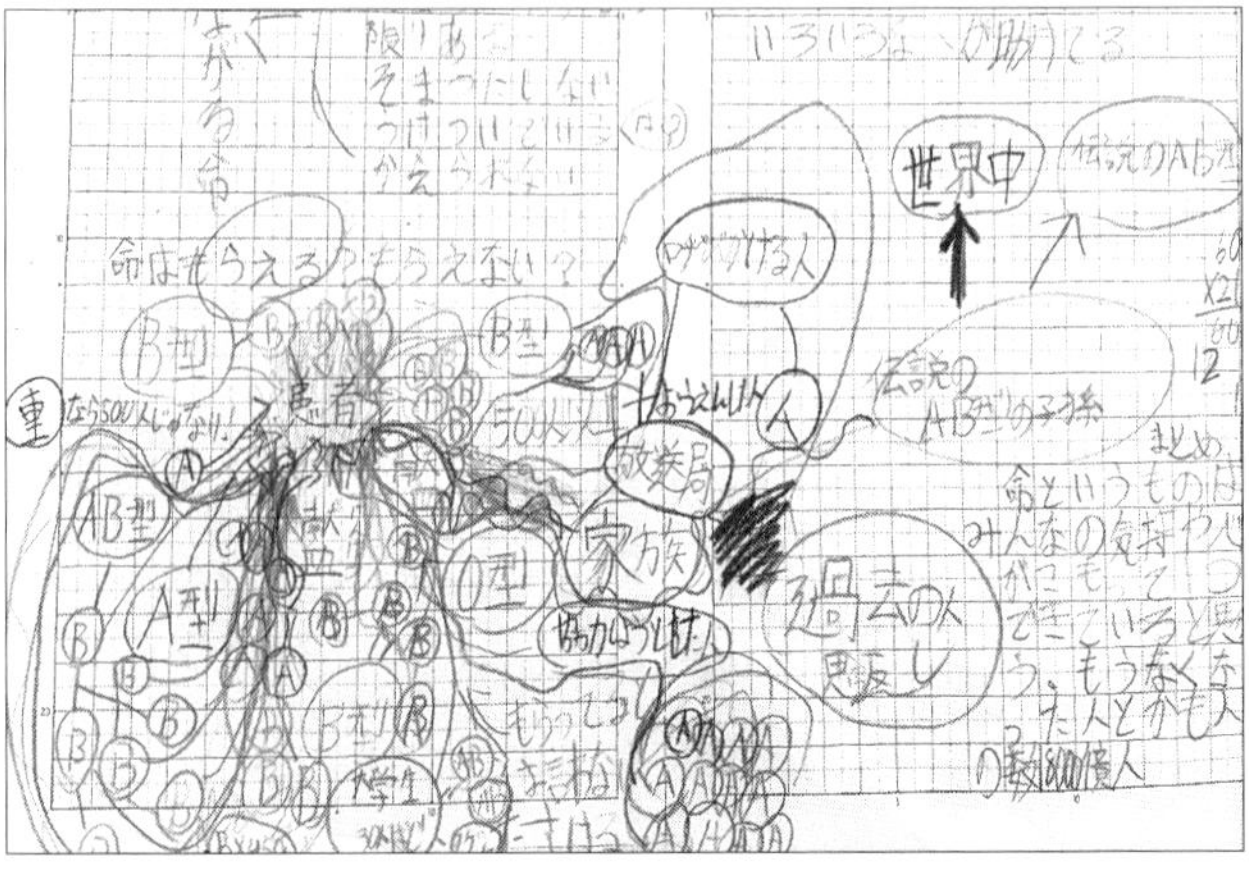

黒板の丸写しはなくなり、その子なりの押さえどころ満載のノートとなる。

このノートは授業後に回収したも

ので、一人一人が授業中に書き上げたものである。

このノートを見ると一人一人の意識の流れが把握できる。また、意識が継続しているため、授業後の黒板に何人もの子どもたちが集まって、書き加えたり、意見を述べたりしているのである。

このように、道徳ノートや黒板は、子どもたちの学びの受け皿となり、思考を発展させるのである。

評価につなげる視点

このノートも同じ授業の時の、別の子どものノートである。同じ授業だから同じ展開、同じ板書をもとにしているにもかかわらず、ノートの記述が全く違うものとなる。使わせているのはただの5ミリ方眼ノートである。何も指定しないで、自由にレイアウトさせる。

「特別の教科・道徳」の評価は、個人内の変容や成長を具体的な文言を使って記述するということになっている。このような道徳ノートの記述を継続して観察すれば、子どもたち一人一人の特徴や成長を見取り評価はたちどころにできてしまう。

例えばこのUさんの場合、「Uさんは、いつも道徳ノートに自分の言葉でまとめ、例えば生命尊重の授業を通して『支えられながら生きている』という視点に気付き、『成長しながら生きていく』前向きさをもって授業に臨むことができました」という感じである。

（筑波大学附属小学校）

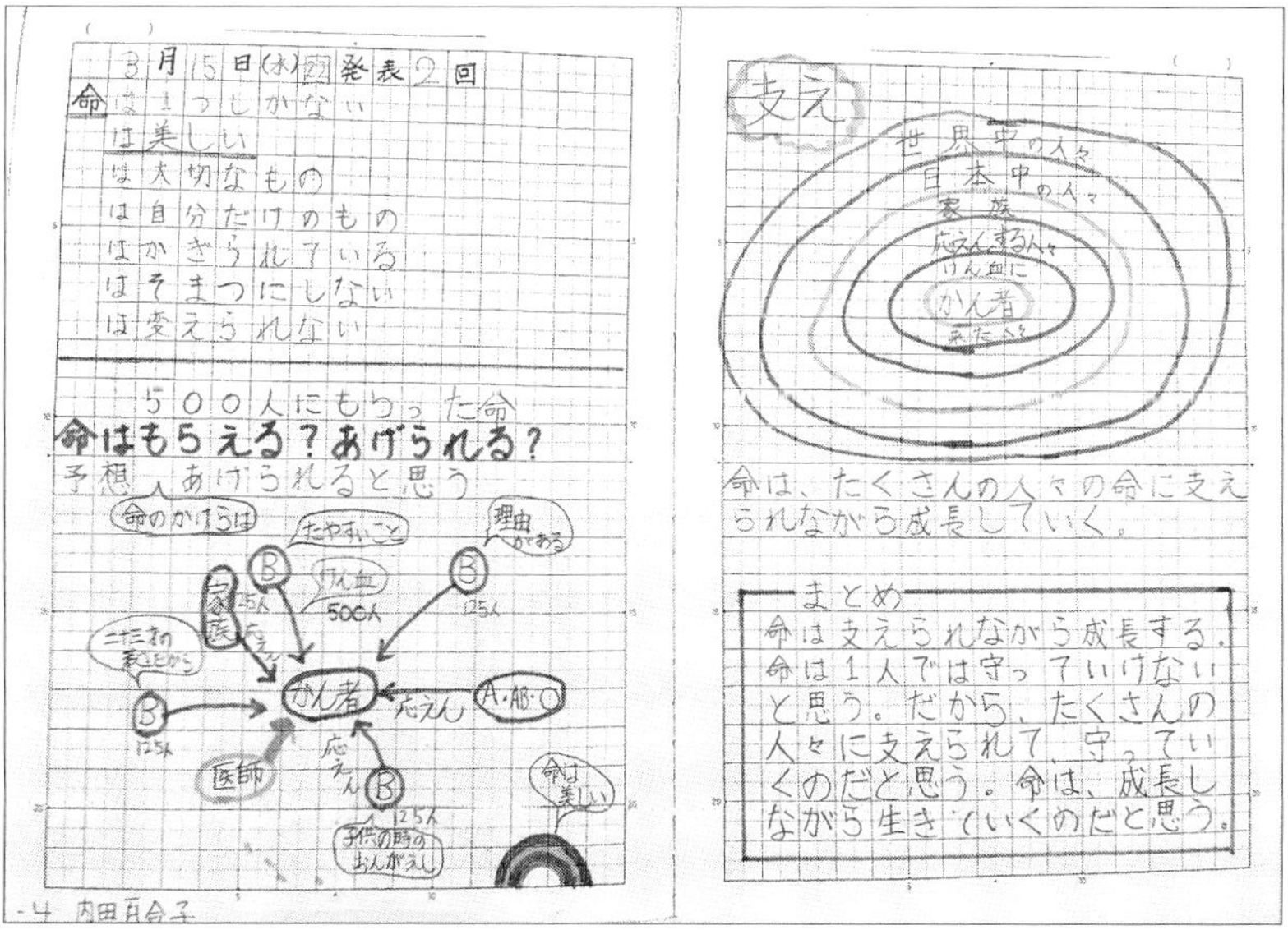

道徳教科書「写真・イラスト」扱いの原理原則

田原佑介

1．教材提示の活用

読み物教材を読んで感想を述べるだけの授業から、「考え、議論する道徳」への転換が図られている。道徳的課題に関して、自分ならばどうするかを考え、その考えについて議論する。一人ひとりが、道徳的価値への理解を深めるような授業だ。

では、どんな授業が考えられるか。流れの一例を示す。

(1) 話の確認をする
(2) 討論する
(3) まとめる

このような流れで授業を行うと、問題が生じることがある。それは、

討論に参加できない子ども

が出てくることだ。

教材の内容への興味を持たせないまま、授業を進めてしまうと、「自分には関係ない」と思い、討論に参加せずに授業を終えてしまう。また、討論が始まると、発表の上手い子どもが積極的に発言し、ついていけない子どもがいる。

そこで工夫すべきなのが、写真やイラストといった視覚教材の活用である。どんな写真・イラストを、どのように扱うのか、原理原則を以下に示す。

(ア) 場面設定がわかるイラスト
↓興味・関心を高める
(イ) 心情の変化がわかるイラスト
↓討論の材料にする
(ウ) 自分に置き換えて考えさせる場面のイラスト
↓道徳的価値に気づかせる

上手く提示することで、教材を身近に感じさせることができる。「私だったらどうするかな」と、自分のこととして考えさせ、授業を進められるのだ。

さらに、討論についていけない子どもにとっては、「このイラストの場面について、発言すればいいのだ」と安心して、討論に参加することができる。視覚教材は思考の補助にな

るのだ。

「考え、議論させる」ために、視覚教材をどう活用し、どう授業を組み立てるかをまとめる。

2. 教材提示の活用

「雨のバス停留所で」(わたしたちの道徳3・4年)を例に、写真・イラストの活用法を紹介する。

この教材は、雨の中、バス停に並んでいた母親と娘よし子の話である。よし子が、停留所でバスを待つ人の順番を無視して、乗り込もうとするが、母親の毅然とした態度を見て、自分のした行為について考え始めるという内容である。

(1) 話の確認をする

① 教師が範読をする

② 話の確認をする

(ア)「場面設定が分かるイラスト」を提示し、主人公の置かれた状況を理解させる。「登場人物は誰か」「どこにいるか」「何がどうした話か」を問う。視覚教材を見させることで、登場人物に親しみやすくなり、状況理解が容易になる。

(2) 討論する

① 発問をする

② 自分の考えを書かせ、討論をする

(イ)「心情の変化が分かるイラスト」を提示する。よし子が自分の行動について考え始める場面だ。「よし子の行動の何が問題なのか」を問う。

意見を書かせた後、互いに意見を発表しあい、討論をする。

子どもからは、「順番ぬかしはいけない」と、よし子の行動を批判する意見が出る。一方、「つい、順番ぬかしをしてしまった」「わざと順番を、ぬかそうとしたわけではない」など、よし子の行動へ共感する意見も書かれる。イラストの場面を中心に討論させることで、多くの子どもを参加させることができる。

(3) まとめる

(ウ)「自分に置き換えて考えさせる

場面のイラスト」を提示し、「あなたなら、どう行動するか」と問う。しかし、教材だけでは、「つまらない」と感じる子どもも多い。そこで、

より現実にありそうな場面を提示する。

例えば、「あなたは今、公園で遊んでいます。A君は滑り台で遊ぶために、順番待ちの列に並んでいます。いよいよ次がA君の番です。しかし、A君は後ろにいる友達と話していて、次が自分の順番だということに気づかず、話し続けています。どうしても滑り台で遊びたいあなたは、どうしますか」と問う。

今までの話し合いを振り返らせながら、意見を書かせる。そのときにイラストを参考にさせてもいい。より現実的な場面について考えさせることで、具体的な行動に結び付けることができる。このようにして道徳的価値への理解を深めていく。

3．教材提示のポイント

視覚教材を活用するときのポイントは、次だ。

資料提示の意図を明確にする

ただ教材を提示しただけでは効果が薄い。冒頭に紹介した「興味・関心を高める」「討論の材料にする」「道徳的価値に気づかせる」という教材提示の三つの原理原則。この三つのうち、どれを意図しているかを明確にした上で、授業を組み立てる。

子どもは、イラストをもとに、「そういえば、自分もこんな経験したことあるな」と、自分自身と登場人物とを重ねることができる。発表を聞く際も、「あのイラストについて発表しているんだな」と、情報を共有しやすくなる。

子どもは興味・関心をもち、思考が促され、議論に参加する。結果、道徳的価値についての理解を深めるのだ。視覚教材を活用することで、子どもたちに考えさせ、議論させることができる。

（埼玉県加須市・不動岡高等学校）

道徳教科書こぼれ話

～道徳採択 前夜～

「パン屋さん」は郷土愛不足!?

―「パン屋さん」では郷土愛が足りない。文部科学省の指示で「和菓子屋さん」に変更。

そんなニュースが報じられたのは、二〇一七年三月。文科省によって、道徳の教科書検定結果が公表されたときのことです。

検定結果の公表後、文科省には抗議の電話（こんな検定ヤメロー!）、ネット上にはさまざまな批判の書き込み（パン屋さんは非国民なのか!）が溢れました。パン業界の人々は怒り、和菓子業界の人々は困惑したとかしないとか…。

文科省の説明はこうです。

―指摘は教科書全体に対するものであって、特定の記述に対してのものではない。修正箇所はあくまで教科書会社の判断。

つまり、真相は、

●文科省の指摘

「我が国や郷土の文化と生活に親しみ、愛着をもつこと」という項目の「我が国」の部分が、教科書全体として足りていませんよ！

に対して、

●教科書会社の臨時会議

A氏：「我が国」の部分が足りないなら、この教材文の、この箇所を和菓子に変えてみる？

B氏：むむむ…。パン屋さんも気に入っていたんですが、検定合格のためにはやむを得ない。それでいきましょう！

と、こんな感じだったのではないかと思われます。たぶん。

しかし、多くの報道各社が、「文科省の指摘で、パン屋さんから和菓子屋さんに変更」という部分のみをクローズアップし、センセーショナルに報じました。誤解はそんなところから生じたのかもしれません。

ちなみに、八社全ての教科書を見ると、「我が国」を和菓子で表したのはこの会社を含めて二社。そのほか、伝統的な遊び、行事などに集中していました。

検定の結果、図らずも、各社の横並び感が強まったようです。

～道徳採択 決行！～

「考えて、議論する」採択？

―○○首相の写真を載せている教科書を採択するな！

―△△氏監修の教科書はＮＯ！

採択の夏が終わり、例年より冷え込んだ二〇一七年九月。

教育再生という名のもと、採択を控えた全国の教育委員会に届いたという何百通もの葉書。

多様な考え方を認め、伝え合うことは大切ですが、ともすれば、圧力に化ける恐ろしさがあるようです。

また、このような要望は、個別採択の私立学校に送られることもあるそう。子どもの実情に応じた教科書採択の自由が脅かされる危機は、先生方がいちばん感じておられるのではないでしょうか。「考えて、議論する」ことを学ばなくてはいけないのは、むしろ大人たちの方かもしれません。

～道徳採択 その後～

ようやくスタート地点へ！

二〇一六年、教育業界に激震が走った、教科書採択をめぐる不正。そんな背景に加え、初の道徳教科書。今回の採択は否応なしにも注目が集まりました。

この四月、子どもたちのもとに教科書が届けられます。教科書も、教材も、子どもたち、先生たちに使われて初めて、価値あるものになると信じています。

（正進社・田岡知佳）

三十二年度より本格実施
次期指導要領の最大の目玉、「小学英語」
移行期間の三十・三十一年度で差がつく！
外国語活動・外国語

間宮多恵

1　移行期の二年間

来年度からの二年間、小学校英語は大きく動いていく。九月に、5・6年生の移行教材が文科省から提示され、その内容が広く知られるようになった。その内容は、かなりのボリュームがあり、児童に求められる会話量も増えた。来年度この教材すべてを指導することは、児童への負担が大きいため、来年度の授業増加分、十五時間の移行期カリキュラムも提示された。学校の実態に応じて、新教材を活用することが求められる。

3・4年生の教材も年内に示される予定で、春までにその内容を確認し、各学校がそれぞれ、年間計画を立てる必要がある。移行期に3・4年生にどれだけ力を付けられるかによって、本格実施の際の5・6年生で取り組める内容が変わってくる。来年度の3・4年生が本格実施の5・6年生になるのである。3・4年生の外国語活動を確実に実施していかないと間に合わないのである。

2　英語教育取り組みへの温度差

英語教育への関心が、再度高まっている今だが、残念ながら温度差は大きい。地域によっても、同じ地区の学校間によっても、さらには同じ学校内でも、担任によって温度差がある。特に、ALTなどの外部講師の充実している学校では、担任はお任せ意識が根強く、自分たちが指導し、評価を行うという意識は薄い。

校内の英語担当教師が、この二年間で校内研修を行いながら、全教員への意識付けを行っていく必要がある。まずは、担任が主となり指導を行うことを徹底していかなくては、児童に力は付かない。管理職の力も借りながら、英語教育の必要性と共に授業の進め方「指導技術」を学校全体で学んでいかなくてはならない。

3　移行期の外国語活動・外国語

移行期において、中・高学年各15時間を総合的な学習の時間を使って、それぞれ15時間・50時間指導することは決まっている。評価も、現行の

評価「記述式」英語に慣れ親しむ観点で行う。その中で、新学習指導要領の内容を理解しながら、指導を進め、本格実施の際の各学校のカリキュラムが見通しをもてるところまでもっていかなくてはならない。新学習指導要領の３つ、（１）知識及び技能の習得、（２）思考力，判断力，表現力等の育成、（３）学びに向かう力，人間性等の涵養。これを踏まえて、「言語活動」「思考力・判断力・表現力」そして「文字指導」を含む１時間の授業展開を確定し、どの先生が指導を行っても、同じように力を付けられるようにしていかなくてはならない。

4　指導時間と指導の形式

移行期のカリキュラムとしては、行政で取り組みが異なる。東京においても、区や市で方針を出しているところもあれば、学校にお任せのところもある。教務主任は、15時間を捻出するのに四苦八苦している。45分間の授業を確保できるなら、文科省からの教材を活用しての実践を積み重ねることができる。35時間は通常の時間割に組み込み、残り15時間は帯時間を活用する学校もある。各学校長が決めた形で準備を進めなくてはならない。

次の４つの形が考えられる。①年間15時間、50時間が45分授業として確保される場合。②年間15時間、35時間が45分授業として確保され、高学年の15時間は帯時間を使う場合。③中学年・高学年の15時間は帯時間で、高学年の35時間のみ45分授業として確保される場合。④その他

どの形であれ、まずは授業（15分、45分）の流れを確定する。「話す・聞く」力を付けるなら、絶対に15分間を文字指導やビデオ視聴にしてはならない。確実に「会話活動」を取り入れる。15分で会話の定着は可能である。単語復習、会話復習、会話活動とテンポよく進めば、児童の発話を十分に保証できる。ポイントは、活動をシンプルにすること。そして、なにより教師が準備せずにできることである。指導教材となる「We Can」（旧　Hi friends）を開き、単語を確認、会話を確認し、ペアでの会話を楽しめる流れを四月のうちにつくれるとよい。単語は、フラッシュカードがなくても、メトロノームやカスタネットなどを使い、リズムを取って繰り返すだけで、楽しく練習ができる。会話活動も、自由に話すだけでなく、列ごとに移動するシステムを取り入れると短時間で多くの友達と話すことができる。

45分の授業は、盛りだくさんに色々取り入れながら、テンポよく進める。本校では、８つのパーツを基

本にしている。①あいさつ、②歌・スモールトーク、③復習、④単語紹介・単語練習、⑤状況設定・会話練習、⑥会話活動、⑦絵本や文字指導、⑧ふり返り、である。①、②、③で10分、④、⑤、⑥で25～30分、⑦、⑧で5分～10分の流れが定着している。ここでも、中心は「話す・聞く」活動となる。英語は言語習得の活動なので、シンプルに児童の発話する時間をたくさん保証することが鍵となる。

その他の形として、ある学校では45分を学年で2等分して行っていた。週1回のところを週2回英語に親しむことができる。45分間指導を行うより、20分強を2回行う方が、下学年では、言語を定着させるには効果があることを実感した。学校の実態に応じて、柔軟に対応する考え方もある。移行期は、思い切った取り組みもできるチャンスである。教務主任の立場であるなら、柔軟な発想で、学校の児童の実態に応じた時間割を考えることも、挑戦するべきである。

5　教員の意識改革

今、すべきことは、何よりも先生方の意識を変えていくことである。英語は、シンプルだからこそ、こつが分かれば誰でも一定水準の指導が可能となる。授業の展開の仕方、教材の使い方を学び、実践あるのみだ。

文科省は、「小学校外国語活動・外国語研修ガイドブック」を作成し、先生方の研修にも力を注いでいる。すべての教員の英語力の向上と、英語の授業力の向上を求めている。平成二十六年度より、毎年200名ほどの教員が全国から集められ、「英語教育推進リーダー」としての研修を受けた。このリーダー達が、各県の自分たちの地区に戻り、「中核教員研修」を行っている。つまり、全国の各学校それぞれに、研修を受けた「中核教員」が育っているのである。

今後は、校内において、それぞれが〈指導力向上研修〉

- 授業研究型（研究授業＋協議）
- 体験型（模擬授業）
- 参加型（授業案や教材作成）
- 理論型（実践を支える理論研修）

また、〈英語力向上研修〉

- 教室英語
- 英語の発音トレーニング
- 歌・チャンツ、絵本の活用
- ALTとの打ち合わせで使う英語
- 日常英会話

の研修を計画的に継続して行っていかなくてはならないことになっている。短時間、毎回の会議の後の十分程度の時間を活用して楽しく続けていくことが必要になる。

6　教材の活用

文科省も、たくさんの教材を準備し、先生方の負担を少しでも軽く、と考えている。まずは、今手元にある教材を確認し、試してみること。

どの学校にも、CDの形で以下の2点、絵本教材と文字教材は届いている。絵本教材は、まずは読み聞かせを行う。ページ数が多いため、毎時間少しずつ取り組む。4年生用は、チャンツが楽しめる。

高学年は、文字指導を毎時間5分、取り入れる。アルファベットの習得は必須となる。アルファベットの音と文字を意識したチャンツが入っている。授業の始まりにチャンツを歌い、授業の終わりにワークシートで文字指導を行う。

絵本教材

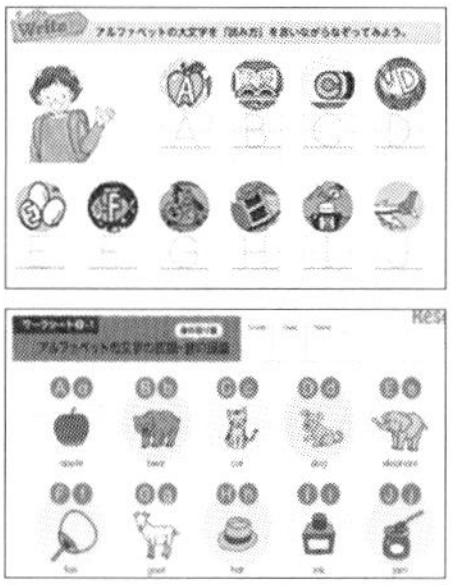

文字教材「Hi friends plus」

7　習得と評価

早期英語教育は、時代の流れであり、必然である。しかし、これにより、中学校に入るときの能力差が大きくなることが予想される。そして、一番してはならないのは、「英語嫌い」にしてしまうことである。

子供たちは、分からないと嫌になる。話せないと苦手意識をもつ。「話せた」「伝わった」という成功体験の積み重ねが自信となり、「英語好き」を育てていく。また、評価については明確に示されていないが、今後は、確実に単語や会話を習得させることが求められるだろう。

どの子も、話すことを楽しめる授業をつくっていかなくてはならない。言語習得という単純な学習だからこそ、そこに様々な指導技術と工夫が必要になってくる。

（港区立・笄小学校）

15～35時間、3・4年生の年間プランづくり
15時間しか確保できなくても、基本的な表現を指導する

小林智子

35時間確保できればそれが一番いいが、確保できない場合もある。

35時間行えなかった場合、意識して、日常的に、既習のダイアローグを使うような工夫を行う。例えば、朝の会で気分を英語で聞く、3分間でもいいから復習を毎日行う、などするとよい。

また、各授業で復習する時間を設け、前時に行ったことを繰り返し学習できるようにする。

35時間確保できた時には、文部科学省の案に表現をいくつか加えていくとよい。

確保できなかった時の3年生の年間プラン例を紹介する。

1　3年プラン・年間15時間

このプランでは、基本的な表現を一通り学習する。

Unit	授業時間	扱う表現や語彙
1	3時間	Hello. I'm名前. How are you? I'm ～.
2	2時間	How many?　数字1～20
3	2時間	I like～. Do you like～? 色、スポーツ
4	2時間	What food do you like? I like～.食べ物
5	2時間	This is for you. ～, please.
6	2時間	What's this? It's a～. 動物、果物
7	2時間	Who are you? I'm ～. 動物、形容詞

2　3年プラン・年間20時間

Unit	授業時間	扱う表現や語彙
1	3時間	Hello.What's your name? I'm名前. Nice to meet you. Where are you from? I'm from～.
2	3時間	How are you? I'm hungry. A hamburger, please.
3	2時間	How many?　数字1～20
4	2時間	I like～. Do you like～? 色、スポーツ
5	2時間	What food do you like? I like～.食べ物
6	2時間	～, please. アルファベット大文字
6	2時間	This is for you. What do you want? I want～.
7	2時間	What's this? It's a～. 動物、果物
8	2時間	Who are you? I'm ～. 動物、形容詞

基本的な案に、アルファベットを加える。

3　3年プラン・年間35時間

基本表現のみはもったいないので、表現を付け足していくとよい。

移行期間中の4年生は、3年生での学習内容を押さえておく必要がある。15時間、20時間、35時間の例を示す。

4 4年プラン・年間15時間

3、4年の基本表現を扱う。

Unit	授業時間	扱う表現や語彙
1	3時間	Hello. How are you? I'm good. Let's play soccer. OK. When? On Sunday. 動詞、曜日
2	3時間	What food do you like? I like pizza and udon. My favorite food is udon.
3	3時間	What's this? It's a pen. Do you have a pen? Yes, I do.
4	3時間	What time is it? It's 11:30. 1〜20、30、40、50
5	2時間	What do you want? I want apples. How many? Three , please.
6	1時間	This is my day. （絵本）動詞

5 4年プラン・年間20時間

時数が十分に確保できないならば、「場所」を表す難しい単語よりも、子どもの関心が高い「食べ物」の語彙を扱うとよい。

Unit	授業時間	扱う表現や語彙
1	3時間	Hello. How are you? I'm good. Let's play soccer. OK. When? On Sunday. 動詞、曜日
2	3時間	Do you like sushi? Yes, I do. What food do you like? I like pizza and udon. What's your favorite food? It's udon.
3	3時間	Do you have a pen? Yes, I do. Do you have any sisters? Yes, I do. How many sisters do you have? I have one.
4	2時間	What's this? It's a pen.
5	2時間	アルファベット大文字、小文字 〜, please.
6	3時間	What time is it? It's 11:30. 1〜20、30、40、50
7	2時間	What do you want? I want apples. How many? Three , please. 形、食べ物
8	2時間	This is my day. （絵本）動詞

6 4年プラン・年間35時間

3年生の学習内容をふまえて、以下のプランは次のとおりである。Unit2ではDo you like Monday?という表現が出てくるが、曜日に対する好き嫌いを問う日常会話は少ないので、遊びに誘う時に曜日を扱う。

Unit	授業時間	扱う表現や語彙
1	4時間	Hello. How are you? I'm good. Let's play soccer. OK. When? On Monday. 気分、動詞
2	4時間	食べ物 Do you like sushi? Yes, I do. / No, I don't. What food do you like? I like pizza. What Japanese food do you like? I like sushi.
3	5時間	What's this? It's a Kendama. 動詞、果物、日本の遊び What are these? They are〜. Can you play Kendama? Yes, I can.
3	4時間	Do you have a pen? Yes, I do. Do you have any brothers? Yes, I do. How many brothers do you have? I have three. 兄弟、姉妹、文房具、1〜12
4	3時間	アルファベット大文字、小文字 〜, please.
4	3時間	What time is it? It's 11:30. 1〜20、30、40、50 a.m / p.m
5	4時間	What shape do you want? I want a heart. 形、食べ物 How much? It's 80yen. 数字 60、70、80、90、100
6	4時間	What food do you like? I like sushi and steak. What's your favorite food? My favorite food is sushi.What's your favorite place? My favorite place is the Library.
7	4時間	This is my day. （絵本）動詞

（群馬県沼田市・沼田東小学校）

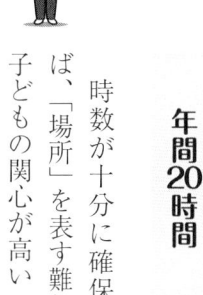

50時間～70時間　5・6年の年間プランづくり

ステップを踏み、基本指導から応用指導へと発展させる

井戸砂織

来年度、研究発表が決まり、今年度から、5・6年生は教科としての英語の授業を年間70時間行っている。45分の授業が週に1回、15分の授業が週に3回である。

次の点を意識して授業をしている。

① その日の中心となるダイアローグを定着させる。（三構成法）
② 既習事項を復習する。
③ 既習事項をつなげて、長く「やりとり」できるようにする。
④ 一人で「発表」ができるようにする。
⑤ 2、3月にはディベートの初期指導をすることを目指す。

文部科学省の新カリキュラムでは、5年生のUnit5で、「can」を指導する。英語を話せるようにするために、例えばこの単元をどう指導するかをまとめたものが次頁である。

「Can you play soccer?」「Yes, I can.」の会話だけでなく、「He can～.」「She can～.」「You can～.」などの表現も学習する。

④の「発表」が、ステップ6の部分である。同僚が今年研究授業を行ったのを追試した。新カリキュラムでは、「話す活動」では、「やりとり」と「発表」両方を指導することになっている。

ステップ7では、Unit6の「Where do you want to go?」の単元とつなげている。「You can～.」の表現を使い、自分のまちや日本を楽しくアピールすることができる。

ステップ9のフリートークは、4月から6月に学習した「like」「have」「want」を前述した①～③の流れで学習しておくことが大切である。「like」「want, want to（動詞）」「have」「can」を使いこなせば、会話をかなり楽しむことができる。

ステップ10は、スキット（寸劇）を自分たちで創る。

このようなステップを通し、目指すは、加藤心氏のディベート指導。小学校バージョンの提案を目指す。

（愛知県豊田市・東保見小学校）

新カリキュラム“can”を使った授業 step10

井戸 砂織

ダイアローグ	準備物
0. 単語練習(① play けん玉(スポーツなど) ② swim(動詞) ③ play the ～ (楽器) ④ speak English (2単語) ⑤ do)	動詞のフラッシュカード
1. I can ～. I can't ～.  	動詞のフラッシュカード けん玉
2. A:Can you ～？ B:Yes I can.／No I can't.	動詞のフラッシュカード けん玉あれば can you?の状況設定フラッシュカード
3. A:Can you ～？ B:Yes I can. I can play ～. ／No I can't. I can't play ～.	動詞のフラッシュカード
4. A:Can you ～？ B:Yes I can. I can play ～. ／No I can't. I can't play ～. A:You can play ～.／ You can't play ～.	動詞のフラッシュカード
5. A:He(She) can play ～. ／ A:He(She) can't play ～.	動詞のフラッシュカード
6. A:This is Michiko. She can play basketball. She can't play 囲碁. I can play 将棋. Nice to meet you. B:Nice to meet you, too.	動詞のフラッシュカード
7. A:I'm from Aichi. (In Aichi) You can eat 手羽先. B:I'm from Kochi. (In Kochi) You can eat かつおのたたき. AB:Where do you want to go？ C:I want to go to Aichi. I want to eat 手羽先.	フラッシュカード 日本地図 eat, see, buy のフラッシュカード 各県のパンフレット
8. A:I'm from Aichi. You can eat 手羽先. It's delicious. B:I'm from Kochi. You can eat かつおのたたき. It's very delicious.（以下、7と同じ）	形容詞のフラッシュカード
9. フリートーク A:Can you play basketball？ B:Yes I can.／No I can't. A:Do you like basketball？ B:Yes I do.／No I don't.(4月既習) A:Do you want a basketball？ B:Yes I do.／No I don't.(5月既習) A:Do you have a basketball？ B:Yes I do.／No I don't.(6月既習) A:How many basketballs？ B:I have 2 basketballs. (7月既習) A: What color do you have？ B:I have black. (Hi, friends!) A:Which do you like, basketball or soccer？ B:I like basketball. (Hi, friends!)	Can から始まる like, want, have,などの会話のイラスト一覧 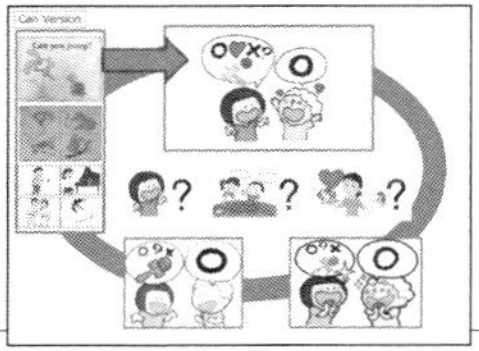
10. Can you ～？からはじまる会話を自分たちで創る！	

アルファベット音と文字、文字指導　ここから始める

中学年…えんぴつを使わないで慣れ親しませよう
高学年…教材を使って慣れ親しませよう

平山　靖

1　アルファベット指導の目標

中学年から入ったアルファベット指導。高学年とは目標も活動も異なる。文部科学省から平成二九年二月に公布された年間指導計画では大まかに次のような目標が書かれている。

> 中学年：文字を識別して文字の読み方に慣れ親しむ（A＝エー）
> 高学年：活字体の文字とその音がわかる（A＝æ）

中学年ではA（a）はエーだとわかればよい。高学年ではAはæと発音することもわかるようにする。

ではそのために、どのような活動が想定されているのだろうか。

2　中学年のアルファベット指導例

> えんぴつを使わないで慣れ親しませる。

これが中学年のポイントである。英語教育推進リーダーの研修では、次のような活動が文科省より伝達されている。

①ＡＢＣソング

模造紙等に拡大したものを提示し、授業の最初にwarming-upを兼ねて歌うことで見て慣れ親しませる。大文字版、小文字版二つとも用意しておくとよい。ＡＬＴに正しく発音してもらい、リピートしていく活動なども行う。

②並べる（Ordering）

アルファベットカードを順に並べる活動。班ごとに行わせる。

③指書き・空書き・カルタ

④伝言ゲーム（Writing on the back）

背中に文字を書いて伝達していくゲーム。

⑤大小文字を合わせる（Matching）

大文字小文字のカードを並べ、対応させる。そのほかにも大文字小文字を対応させる活動は様々存在する。神経衰弱や、カルタ、Go fishなどである。どれも楽しんで会話を混ぜながら遊ぶことができる。もちろん国語でローマ字を学ぶので、3年生

からでも十分可能である。その際は、小文字にも十分慣れ親しませる必要がある。

3 高学年のアルファベット指導例

教材を使って慣れ親しませる。

現在、文科省からHi, friends! Plusがワークシートとともに、試験的に提供されている。ワークシートは文科省のホームページからダウンロードできる。

また、デジタル教材は水戸市総合教育研究所が公開してくれているので、オンラインで使用可能である。（http://www.magokoro.ed.jp/statics/Hifriends_Plus/）

もしくは、ご自身の教育委員会にデータが配布されているので、お尋ねいただければ手に入る。非常によくできた教材である。どのコンテンツも楽しく学習できる。

デジタルコンテンツが使える。そのうちいくつかを紹介する。

①ジングルで音を学習する。

「A　æ　ant」等の音声があり、授業の最初から楽しんで活動することができる。それらをもとにしたワークシートも併用すると効果的だ。

②ワークシートを活用する。

文科省からのワークシートでもよい。文科省の指導案をもとに活動させる。また東京教育技術研究所から出されている『アルファベットスキル』を使って進めていくのも効果的だ。音も綴りも同時に学ぶことができる優良教材である。

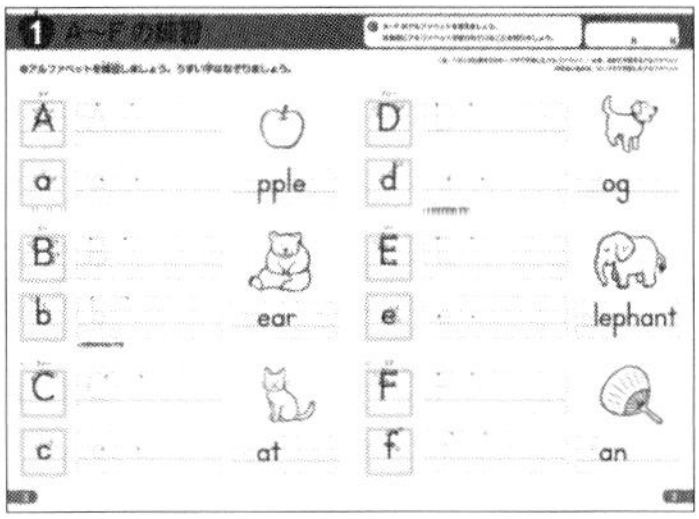

4 フラッシュカードに文字を

絵だけではなく文字もフラッシュカードやカードに入れ、見て慣れ親しませておく必要がある。次期指導要領の解説にもそのことは明記されている。中学年のころからフラッシュカードに文字を入れ、見て形をなんとなくわかるようにしておくことが後々子どもたちに効いてくる。

（千葉県習志野市・向山小学校）

モジュールの年間プラン 新教材の活用法

島村雄次郎

1 文部科学省の資料を読み込む

小学校外国語活動・外国語研修ガイドブック（文部科学省）http://www.mext.go.jp/a_menu/kokusai/gaikokugo/1387503.htmは、「外国語活動」及び「外国語」の目標を、「知識及び技能」、「思考力、判断力、表現力等」、「学びに向かう力、人間性等」の三つの柱から構成している。

また、「知識及び技能」は、実際のコミュニケーションの場面において活用し、思考・判断を伴う発信や受信を繰り返すことによって身に付き、それらの活動を繰り返すことで、「思考力、判断力、表現力等」とともにより深まる。また、これらを繰り返すことで自信が付くとともに、「学びに向かう力、人間性等」も涵養される、とある。

つまり三つの柱は、

> 思考・判断を伴う発信や受信を繰り返すことによって達成される

と言える。

モジュールの授業を構成するときにもこの原則を貫きたい。

2 15分間の構成

モジュールの時間は45分を3コマに分けることが多い。そこで、参考になるのが、東京都教育委員会作成の

「教師が児童とつくる豊かなコミュニケーションの充実に向けて」

である。

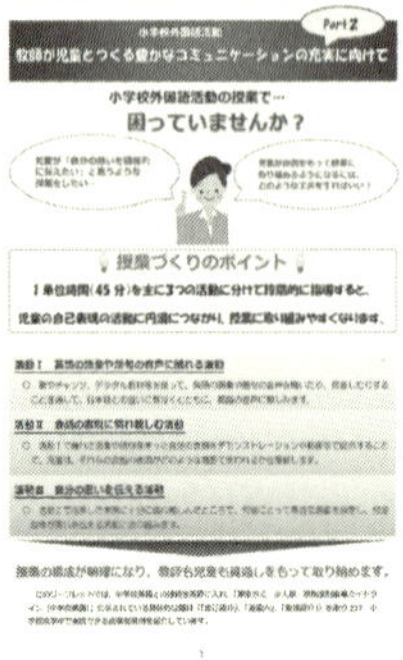
小学校外国語活動
Part 2
教師が児童とつくる豊かなコミュニケーションの充実に向けて
小学校外国語活動の授業で…
困っていませんか？
授業づくりのポイント
1単位時間（45分）を主に3つの活動に分けて段階的に指導すると、
児童の自己表現の活動に円滑につながり、授業に取り組みやすくなります。

思考・判断を伴う発信や受信ができるように、1単位時間を主に三つの活動に分けて指導する工夫が示されている。

> I　語彙や語句の音声に触れる活動
> II　会話の表現に慣れ親しむ活動
> III　自分の思いを伝える活動

これをわかりやすくすると、

- 単語練習

・状況設定を伴う会話練習
・自分の思いを伝える会話活動

となり、ここにもう一つ付け加えたいのが「復習」である。

「外国語活動」及び「外国語」の最終的な目標、「学びに向かう力、人間性等」の涵養は、発信や受信を繰り返すことで達成されると示されている。そのためには、学んだことを身に付けるために、繰り返しの復習は欠かせない。そこで提案するモジュールの計画は、次のようになる。

【1コマ目】
・前の時間の復習
・単語練習
【2コマ目】
・状況設定を伴う会話練習
【3コマ目】
・自分の思いを伝える会話活動

これを、文科省の出している、「年間指導計画例」に当てはめればよい。

第３学年　外国語活動　年間指導計画例〔案〕

時数	単元名	単元目標	表現例	既出表現・語彙例
4 ４単位時間	I like blue. すきなものをつたえよう	・多様な考え方があることや、外来語を通して英語の音声やリズムなど日本語との違いに気付き、色の言い方や、好きかどうかを尋ねたり答えたりする語や表現に慣れ親しむ。 ・自分の好みを伝え合う。 ・相手に伝わるように工夫しながら自分の好みを紹介しようとする。	I like (blue). Do you like (blue)? Yes, I do. / No, I don't. I don't like (blue).	Hello. Hi. I'm (Hinata). Goodbye. See you.
5 ４単位時間	What do you like? 何が好き？	・日本語と英語の音声の違いに気付き、身の回りの物の言い方や、何が好きかを尋ねたり答えたりする語や表現に慣れ親しむ。 ・何が好きかを尋ねたり答えたりして伝え合う。 ・相手に伝わるように工夫しながら何が好きかを尋ねたり答えたりしようとする。	What do you like? I like (tennis). What (sport) do you like? I like (soccer).	I like (blue). Do you like (blue)? Yes, I do. / No, I don't. 数（1-20）、色、飲食物、スポーツ

単元目標が「自分の思いを伝える会話活動」である。「どのような会話練習」をするかは、表現例にある。これに、既習表現を加えることで、受信と発信の数が増える。

3 新教材「We Can!」の活用法

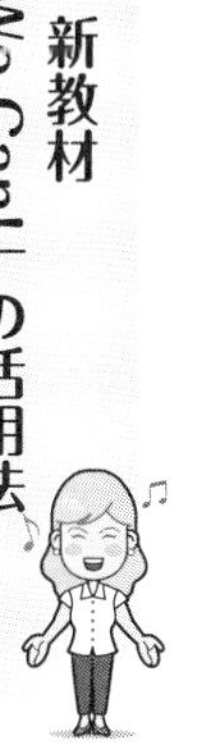

新教材の「We Can!」は文科省からダウンロードができる（11月現在、学校関係者のみ）。

この教材は暫定版を研究したが、リスニング中心の教材である。

児童が単元で学んで身に付けたことを、聞き取れることで自信につながる。新教材は「復習」の中に入れると効果的である。

また、「Let's Watch and Think」は、「自分の思いを伝える会話活動」であるが、勝敗を伴うゲームとして扱うと、英語での受信と発信にならない可能性があるので要注意である。

（東京都小笠原村・小笠原小学校）

今から始める評価の方法

谷　和樹

1　授業直後のフィードバックが…

オンライン英会話講師による直接の評価

私の英語力、とりわけスピーキング力は、もともと小学生レベルだ。ほんのちょっとした日常会話レベルでも滞る。それで、オンライン英会話を二年くらい前から始めたら、少しずつだが上達した。

上達の原動力は、授業の直後に講師から届くフィードバックである。必ず褒めてくれて、「ここだけを直そうね」という箇所を数箇所だけ指摘してくれる。なるほど、こうしてくれると、意欲が増すのだなと実感した。

子供達にも同じことをしてあげればいい。オンライン等で英語がほぼネイティブ並みの講師と一人ひとりが会話し、その場でポジティブなフィードバックをもらうこと。原理としてはそれに尽きる。しかし、小学校で、そうしたシステムをすぐに導入することは難しいだろう。

今すぐできる範囲でするとしたら、次のような方法がよい。

① 授業の最後に、これまでに習ったダイアローグを使って友達どうしで自由に会話をさせる。
② 会話が何往復続いたかカウントさせる。
③ お互いに感想を言わせる。
④ カウントと感想をノートに記録させる。
⑤ 教師に提出させる。
⑥ 教師が褒める。とりわけ前回と同じか、少しでもよくなっていたら必ず褒める。

2　AIによる自動評価

ブラウザ、またはスマホから、自動音声とやりとりしたら、その場で採点とレベルがフィードバックされる。

リスニングとスピーキングスキルの評価では、まもなくこうした方法が主流になるだろう。すでに現在、様々なサービスが提供されている。

無料で試すことのできる、次のようなサイトをみてみよう。

English Central
https://ja.englishcentral.com/

このサイトで任意の「動画」をクリックすると、短い動画クリップをみて、単語を勉強し、その後で発音チェックができる。

流れてくる英語のテロップを見ながらリピートすると、その場で自分の発音が「何%くらい正しいか」を自動的にチェックしてくれる。

私もしばらくやってみた。始めた当初は40%とか60%の評価がざらだったものが、最近では90%以上が珍しくなくなり、時には１００%も出るようになった。音声認識エンジンによる自動チェックだろうから、もちろん人間による評価とは違う。誤差もあるだろう。それでも、やはり達成感があるし、もうすこし続けてみようという動機付けにもなる。

大人向けでは「VERSANT（ヴァーサント）」という英語力判定テストがある。すべて自動言語認識システムによって採点される。20分程度のテストを受けたら、その場で自分の現在の英語力がフィードバックされるのだ。スコアはＣＥＦＲ、ＴＯＥＦＬ、ＴＯＥＩＣ、英検などにも換算されて示されるので、おおよその評価をごく簡単に得ることができる。

大手グローバル企業、米国国防総省、オランダ政府移民局などにも、導入されているという。

今後、こうしたサービスが子ども版となって急速に拡大するだろう。

3　児童英検による評価

英検ジュニア　http://www.eiken.or.jp/eiken-junior/

例えば、島根県雲南市などで、この英検システムが導入されている。

一年間で平均得点が10ポイントアップし、すべての分野の得点が向上しただけでなく、正答率50%未満の児童がゼロになったという。

詳細は見ていないが、検定を導入したことそのものが効果を生んでいるのではないかと推定できる。

4　CAN-DOリストによる評価

外国語や外国語活動の評価は数値による評価よりも、パフォーマンス評価やCAN-DOリストによる評価のほうがよい場合ももちろんある。

CAN-DOリストというのは、「〜することができる」という形でチェックできるようにつくられた目標リストのことだ。それはもちろん重要だし、多くの研究が進んでいる。

しかし、１〜３に述べてきたような、可能な限り客観性をもたせる評価も同時に検討すべきである。

（玉川大学教職大学院教授）

向山実践の原理原則⑥ 最終回

二十五歳新人教師 通知表改訂委員長の方針をつくる

向山洋一

連載の最終回にあたり、一九六九年五月、私がまだ二十五歳の新人教師であった時に作成した、「通知表改訂委員長の方針」を紹介したい。

評価研究の方向

一九六九年五月二十七日

大四小教育評価研究部会　向山洋一

一、研究主題　教育評価のあり方について

二、研究目的　教育評価のあり方について、理論的、実証的な研究を行い、現状の評価の問題点とその改革の方向を提起し、大田支部組合員に対し討論の素材を提供する。

三、研究方向　我々は第一回評価研究会において、次の方向を確認した。

第一は、いわゆる純粋な中立の教育などはありえず、教育及び教育における問題点は、ブルジョアジーとプロレタリアートの抗争の一形態なのであり、それ故教育現実に対する批判は我々が明確にプロレタリアートの立場に立ち、ブルジョア社会の根底にせまる中にこそあるという事である。

第二は、それ故「評価」に関する我々の研究の方向も、単に教育心理学における接近或は統計学的な接近にのみとどめるのではなく第一点をふまえた中にこそあるという事である。

第三は、だから、「評価」の問題は、昨近さわがれている通信簿のみの問題ではなく、いわんや正常分配曲線のみの問題ではなく、教育全体を通して根底的に明らかにされねばならない問題であると考える。

だから通信簿の単なる技術的な手直しという解決の方向は、ある時には一定の評価をする事ができるとはいえ、基本的には、何らの問題の解決にはなりえないであろう。

第四は、以上の一、二、三の方向をふまえ、更に我々が大田支部組合員に対する一定の任務を考え、評価に関する研究方向を現状の問題に対する即時的対応、その事を通しての研究の深化という方向をとるのではなく、基本的には、「評価」に関する論理的、実証的な研究を体系的に行っていくという方向をとる。

四、研究方法　研究計画に従い、月二回の研究会において討論を行い、討論にもとづき文章化していく方法をとる。

研究日は毎月第一、第三木曜日の5：00〜9：00までをあて、討論素材は輪番レポーターのレポートとする。

研究内容は理論的なものから実体的なものへという方向を基本とし、更にその中で具体的なものから抽象的なものへという方向をとり、個別問題別に研究していく方向をとる。

さしあたって、日本における教育評価史を研究し、それが終わった段階で全体計画を考える。

五、研究会構成員　石黒（大二）　片山（大二）　井内（大三）重松（六郷）　三橋（大四）　向山（大四）　他に田浦桂三氏（武蔵野美大講師）

第一回研究日　五月二十四日　研究方向、研究内容について

第二回研究日　六月六日　第一回日本における教育評価史（教育史概説、小学校令時代の教育評価）レポーター　向山　於支部会館　5：00より

六、研究項目

Ⅰ　歴史的分野

a．教育評価前史

b．アメリカ教育評価史

c．ソビエト教育評価史

d．日本教育評価史

Ⅱ　理論的分野

a．目的論

b．評価内容論

c．対象児童論

d．教科論

Ⅲ　方法的分野

a．評価目標

b．評価方法

c．評価結果の処理

Ⅳ　実態的分野

a．指導要録の性格とその実態

b．通信簿の性格とその実態

c．全国学力テストの分析

d．正常分配曲線（ガウス分配）

e．効果

教育評価参考文献　　大田小　向山洋一

1. 宮地忠雄　「教育評価相談」 S.25
2. 後藤岩男　長島貞夫「教育評価法」 S.23
3. 小見山栄一　「教育評価の理論と方法」 S.23
4. 文部省　「小学校における学習の指導と評価」上 S.25　明治図書
5 広島大学教育学部附属小学校 学校教育研究会「学習評価の実際」3巻 S.28　明治図書
6. Leonard, J. Paul and Eurich, Alvin C.; An Evaluation of Modern Education. 1942
7. Smith, Eugene R.; Tyler, Ralph W. and The Evaluation Staff; Appraising and Recording Student Progress (1942)
8. Greene, H.A.; Jorgenson, A.N. and Gerberich, J.R.; Measurement and Evaluation in the Ele-mentary School. (1942)
9. Remmers, H.H. and Gage, N.L.; Educational Measurement and Evaluation. (1943)
10. Ross, C.C.; Measurement in Todays Schools (1941)
11. Greene, H.A.; Jorgenson, A.N. and Gerberich, J.R.: Measurement and Evalnation in the Secondary School (1943)
12「学習評価基準」 東京都教育委員会 S.44
13 林部一二「教育評価」 S.28.　明治図書
14. 社会科の初志をつらぬく会「評価を生かす社会科指導」(1967)　明治図書
15. 東大教育心理研究会「教育評価辞典」 S.30　国土社.
16 橋本重治「教育評価法総説」 S.41　金子書房　¥1500.
17. 橋本重治「教育評価法概説」 S.41　〃　¥280.
18「行動・性格の評価に関する~~記録~~研究」 S.38　都立教育研究所
19「学力評価の研究 都小学校各科」 S.33　都教委
20「学習評価法の一考察 その一・その二」 S.32.33.36.　東調布中学校

東京都大田区立小・中学校

(セ) 21.「指導と評価」 S.36～40. 応用教育研究所
(セ) 22「本校の通信簿」 S.41 東六郷小学校
(セ) 23.「各教科の学習評価」 S.38 都教委
24. 八慶小学校 東井義雄 「通信簿の改造」 S.44 明治 ¥650.
25. 福岡大学付属小 「思考力をのばす学習過程の評価」 S.44. 明治図書 ¥780.
26. 社会科の授業研究 第8巻 「社会科よい評価わるい評価」 S.44 〃 ¥520
27. 現代教育科学 83号 学力向上運動の実態をつく ¥160. 明治図書
27 〃 88号 39年度「文部省学力調査報告書の検討 ¥280 〃
28 〃 102号 40年度 〃 ¥360
29 〃 111号 能力.学力をどう考えるか ¥150
30 〃 113号 指導要録の問題点とその改善 ¥150.
31. 教育心理学事典 金子書房 ¥3000.

理不尽で傲慢な「仕事」を変革する以外に道はない　最終回

長谷川博之

生徒の荒れを生んだ根本的原因のひとつが、大人による誤った教育であることは論を俟たない。学校現場でいえば、理不尽で傲慢な教師の一挙手一投足が、生徒の心を荒ませていく。

前回、こう書いた。

■知り合いの子の通う小学校では、「人権作文」がGWの宿題であった。原稿用紙4枚以上。書くための材料は何も提供されていない。連休前、担任が短い読み物を読み聞かせただけだという。■

我が勤務校は中学校である。中学校ですら、GW明けに、全校朝会と全校道徳で材料を提供したうえで、授業時間内に執筆させる。そうでなければ必ず、書き上げられない生徒が生まれてしまうからである。教育という営みに真摯に向き合う教師にとってみれば、この程度の配慮は、当たり前のことだ。

それを小学校三年生に自分で書いてこいと命じる。知り合いの子は涙をこぼしながら書いたという。文章構成のアドバイスは私がした。それがなければ書けなかっただろう。すなわち、この宿題は保護者（大人）に課されたものだともいえるのだ。何たる傲慢か。

後日、その子に尋ねた。当然ながら、提出できない子供がいたという。書けないと泣いた子供もいたという。私は憤りを禁じ得なかった。

書こうという気持ちがあっても書けない子供がいる。そして、教えたくても教えられない保護者がいる。学力の面でも、時間の面でも。そんなことは考えなくてもわかることだ。何たる想像力の欠如。

年端もいかない子供に無理難題を背負わせ、自らの指導責任から逃れている。教師の無知と無恥、そして無情とが子供に多大なる失敗体験を積ませているのだ。

教師自身がぬるま湯に浸りながら、子供には労苦を味わわせる。宿題とはそういうものだ。中には、「家で何をしてよいかわからないので、宿題を出してほしい」という保護者もいる。それならば、出せばよい。しかし、提出を強要するのは断固間違っている。あくまでも家庭学習の参考として例示するのだ。

同様の理不尽が、中学校現場にも根強くある。

素材として、県内某公立中学校における数学の授業者への、某国立大学教授のコメントを紹介する。

1　知識や技能を、演繹的に学ばせるのではなく、生徒が帰納的に発見して、習得することが大切である。

2　エレガントな解法をまず教えるのではなく、生徒に苦労させ、地道に課題を取り組ませること。なぜ、そのようになるのかを考えさせる。また、苦労させると、エレガントな解法のありがたさがわかる。

美辞麗句である。要は教科書を開かせるな、ということだ。単純ながら、思う。

(1)　1と2をするには、直感で教科書通りに進める授業の3〜4倍の時間が必要となるだろう。その授業時数をどのように生み出すのか。

(2)　1と2に時間をかけることによって、逆に、「物理的にできないこと」も出てくるはずだ。その点をどの時間に、どのようにカバーするのか。

結局、教科書の練習問題やドリル・ワーク類が、「そっくりそのまま」宿題になったりするのである。

たとえば中学校現場では、定期考査前にテスト範囲が指定され、その範囲のワーク類を「自力」で解き、提出することが強要される。

提出しない場合、成績から減点される（これは明確な人権侵害である。私は初任以来、一度もやったことがない。周りはほとんどがやっていた）。

そういう馬鹿げた風潮が、合理的配慮が叫ばれる今にあっても、現場には根強く蔓延っている。

駆逐したい旧文化の一例である。

だが、駆逐するには代案が要る。

不合理な宿題を出さずとも、学力が向上するという事実に支えられた、具体的な問題提起が要る。

それができるのは、ＴＯＳＳだけだ。様々な教育実践を知るにつれ、その思いは強固になっている。

結局、崩壊校を立て直すには、理不尽で傲慢な教師の「仕事」を一つまたひとつと変えていく以外に道はないのである。その変革は、第一に、授業から始める。学力保証から始める。それが私の主張である。

（埼玉県熊谷市・奈良中学校）

褒めるシステムを創る

褒められる行動を待つのではない。意図的に褒めるシステムを創ることが重要

最終回

小野隆行

一 望ましいモデルを使って指導していく

ここ数年、特別支援学級を担当している。言葉のほとんどない子もいれば、ＩＱが１３０を超えるいわゆるギフテッドの子もいる。

どの子にも共通していえることは、

褒めることでしか、子どもの行動は変わらない

ということである。

叱ることは、行動を止めることには効果がある。しかし、望ましい行動を増やすためには、褒めるしかない。ただ、特別支援学級を担当していて難しいのが、

望ましい行為が生まれにくい

ということである。

通常学級であれば、たくさんの子がいるので、必ず望ましい行動をする子が出てくる。その子の行為を取り上げて褒めればいい。それがモデルになる。

次は、そのモデルを真似する子を取り上げて褒めていく。そうやって、クラス全体の望ましい行為を増やしていく。

私は、通常学級を担当した時は、基本的にこの方法で指導を行っていく。この指導は汎用性がある。

例えば、こだわりの強い自閉症スペクトラムの子がいる。順番通りにやっていかないと安定しない。

こういったタイプの子が、10問の漢字テストを行うとどうなるだろうか。３問目がわからないと、そこから先に進めなくなる。それを「飛ばして後から考えなさい」と言ってもなかなか受け入れられない。

そのような時に、モデルを使う。

全体に、「わからない時には飛ばして次の問題にとりかかる」ことを告げておく。そして、テストの後にそれができた子を取り上げて褒めるのである。

１００点がとれた子だけを褒めていては、余計にこのこだわりは強くなっていく。

これを何度か繰り返すうちに、その子も問題を飛ばせるようになる。これを一対一の指導でやろうと思うと、かなり困難である。

特別支援学級では、基本的にこのような指導を一対一で行うことが求められる。なので、同じ特性を持った子でも、特別支援学級で指導するほうが難しいと感じることが多々ある。

二　褒めるシステムを創る

特別支援学級を担当するようになって、より褒めることをシステムに組み込む重要性を感じるようになった。

私が、現在行っているシステムを紹介しよう。

①レターボックスで褒める回数を保障する。

子どもたちは、5段のレターボックスを1人1個持っている。1時間で行う学習を、1段目、2段目と順に棚に入れていく。例えば、漢字スキルや教科書がそこに入る。そして、最後の棚には「次の時間の準備　終わり」と書いたカードを入れる。

そして、ここからがポイントである。

課題を持ってくるたびに褒める。

例えば、漢字スキルを持ってくると、「用意ができたね」と褒める。漢字スキルを練習して持ってくると、「丁寧に書いているね」と褒めるのである。

レターボックスは5段あるので、単純に考えて1時間に10回は褒めることができる。これが1日5時間だと50回となる。褒めるというのはここまでやるのである。

そして、学習システムに慣れてくれば、意図的にその子に必要な「望ましい行為」を取り上げて褒めるようにする。つまり、その行動を強化していくのである。

そして、次にもう一つのシステムがある。

支援員の先生に、小野が褒めた内容と同じことを褒めてもらう。

小野が「よくやり直したね」と褒めると、支援員は「やり直しができて凄いなあ」と褒めるのである。これも行動の強化が狙いである。同じことを何度も、そして複数の人から褒められることで、子どもは大きく変化していく。このようにシステムを創ることが重要である。

（岡山県岡山市・西小学校）

「学生支援」は、未来に投資し続ける社会貢献活動である

最終回

堂前直人

一　学生支援の意義

一人の先生が、一年間に担任する子を三〇人だとする。定年まで働いても、一一四〇人の子どもを見ることしかできない。

> 自分自身に力があるだけでは、千人の子どもにしか力を付けることができない

のである。

しかし、もし、毎年一〇人の大学生と出会い、自分たちの教育技術、教育思想を伝えることができたら、何倍にも、何十倍にも、増えていく。

より多くの子どもたちを幸せにするためにも、学生支援は必須なのだ。

また、何もわからない状態で担任を持ち、上手くいかず、夢破れて退職するといった事例を毎年のように聞く。

その人たちは、

> 力がないのではなく、どう力を付けたらいいのか、どんな力が必要なのか、を知らなかった

のである。

大学の授業だけでは、教師の仕事の腕を磨くことは、やはり難しい。

> 夢を追う若者の、夢を支えていくこと

これも学生支援の意義である。

二　学生支援の苦悩と喜び

長崎県のI先生の報告である。

＊＊＊＊＊＊＊＊＊＊＊＊＊＊＊＊＊＊＊＊＊＊＊＊＊＊＊＊＊

六月にTOSS長崎の代表になった。

一番の仕事は、二〇代を増やすことだと思っている。

そのため、十月に学生セミナーを開催することにした。
講師は全員、二〇代で行う。
打ち合わせも数回行った。あとは広報！（中略：堂前）
声をかけた人数でいえば、50人を軽く超えている。
早く返事が来ないかなとわくわくしていた。
それから3日経った。
返事はたくさんいただいた。
「ぜひ、参加したいのですが、その日は予定があり…」
「まだ予定がわからないので、わかり次第連絡します。」
確定した参加者は0人。
広報をなめていた。

＊＊＊＊＊＊＊＊＊＊＊＊＊＊＊＊＊＊＊＊＊＊＊＊＊＊＊

学生支援は、学校の先生方の本業ではない。あくまでも社会貢献活動であり、ボランティアである。

それでも、企画を立て、チラシを作り、参加してもらえるように、動きを作っている。

しかし、難しいことも多い。

例えば、先生方が大学にチラシ配りに行くとする。

チラシを受け取った学生が、目の前でチラシを破り捨てる。ゴミ箱に大量にチラシが捨てられている。受け取ってもらえない。

こういったことが山のようにある。


やればやるだけ達成感を得られるような活動ではないのだ。

さて、I先生の報告には続きがある。

＊＊＊＊＊＊＊＊＊＊＊＊＊＊＊＊＊＊＊＊＊＊＊＊＊＊＊

参加者がずっと0人だった。

あ～今日本当に人が集まるのかなと思った。

5分前まで3人だった。

これが現実か…と思った。

すると5分前になって、ゾロゾロと参加者が入ってきた。

「当日参加大丈夫ですか？」

まさかの言葉だった。

＊＊＊＊＊＊＊＊＊＊＊＊＊＊＊＊＊＊＊＊＊＊＊＊＊＊＊

結果、二〇名を超える大学生が来てくれたようだ。

何度も大学へチラシを配りに行き、多くの先生方の支えを得たI先生の熱意がこの結果を呼び込んだのだろう。


学生支援は、決して楽しいことばかりの活動ではない。しかし、その活動は確実に未来へ繋がっている。

学生支援は、未来に投資し続ける社会貢献活動である。


（愛知県名古屋市・宮根小学校）

TOSS学生サークル卒業生の語る現場で生きた学生時代の学び。それは、「小手先のテクニック」ではなく、修業の末に身に付けた「技能」であった

堂前直人

一　現場で生きる力とは何か

「模擬授業」と「現場の授業」は違う。

私自身が学生の頃から何度も、先輩たち、先生たちから言われてきた言葉である。

実際に自分が現場に出てみて、やっとその意味がわかった。

「授業の原理・原則」がなければ、現場では通用しない

のである。

学生時代に行ってきた模擬授業に、決して手を抜いてきたわけではない。

しかし、授業というのは、面白いネタがあればいいわけでなく、見やすいパワーポイントの画面があればいいわけでもない。

何よりも「原理・原則」が必要なのである。

授業の原理・原則とは、例えば、「趣意説明」であり、「激励」であり、「変化のある繰り返し」であり、「局面限定」である。

こういった技術を使いこなす「技能」こそ、現場で生きるのである。

この技能を身に付けるために、「模擬授業」がある。

原理原則を知り、原理原則をもとに構築された教材・教具の使い方、各教科の指導法を身に付けることが現場に出る前に必要だ。

二　TOSS学生サークル卒業生の声

前述のことは、私の経験だけでなく、多くの卒業生が感じているらしい。

二〇一七年一〇月に行われた「学生授業力№1決定戦西日本大会」において、卒業生に登壇をしてもらい、インタビューを行った。

以下、その時の記録である。

＊＊＊＊＊＊＊＊＊＊＊＊＊＊＊＊＊＊＊＊＊＊＊＊＊＊＊

Q　学生時代に勉強したことで、現場に出てからも役に立ったということは何ですか？

A　フラッシュカードです。どんな教科でも使えます。子どもたちも安定して活動できます。

A　激励の原則です。知らなければ、つい叱ってばかりになってしまっていたように思います。

A　変化のある繰り返しです。これを意識することで、子どもたちが成功体験の中で、課題を達成していくことができます。

＊＊＊＊＊＊＊＊＊＊＊＊＊＊＊＊＊＊＊＊＊＊＊＊＊＊＊

結局、現場で役に立っているのは、

> 小手先のテクニックではなく、修業の末に身に付けた技能

なのである。

こういった現場で使える力を身に付けずに、現場に出ることは、武器を持たずに戦場に赴くことと同義である。当然、討ち死に（学級崩壊）する。

一つでも多くの武器を持ち（技術を知り）、扱いを知る（技能を身に付ける）ことが、現場で戦い続けるために必要なのである。

三　まず身に付けるべき三つの力

> ①　笑顔で授業できる
> ②　しっかりと声を通して授業できる
> ③　授業の原則十ヶ条を授業の中で使える

まずはこの三つを意識して、教師修業してほしい。現場に出た時に必ず、その価値を再確認することになるはずだ。

（愛知県名古屋市・宮根小学校）

く通用しない。「エビデンス」という観点から検証された最先端の正しい指導法を学び続ける教師こそが子どもの前に立つことを許される。

小野氏の講座で示される最先端の一つは、氏がアメリカのボストンで学んできたWISCに関するものだ。

日本ではWISC-Ⅳが主流だが、アメリカではすでにWISC-Ⅴが主流となっている。その違いを知れるだけでなく、アメリカではどのようにその結果を活用しているかも、講座で話されている。

小野氏の講座の分かりやすさについては先に書いたが、それは動画ランドで視聴することでさらに際立つ。

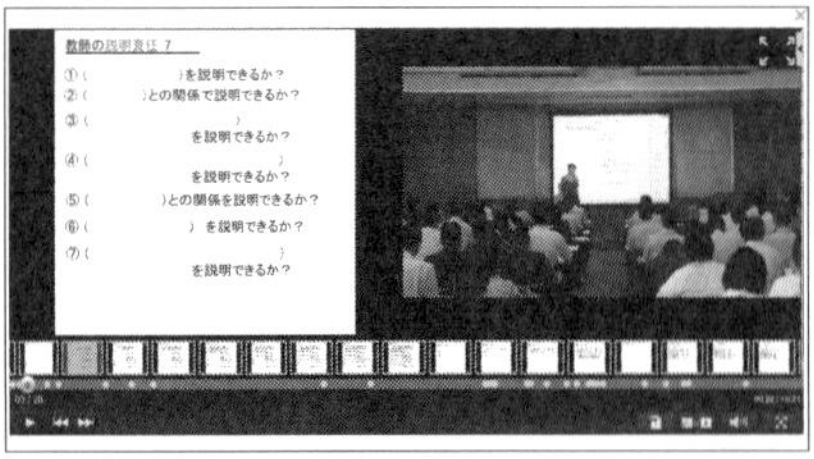

このような画面が出ている場合、セミナーでは話を聞くことと合わせて画面に書かれた情報を写すことにも意識を向けなければならない。しかし、動画ランドであれば、資料がPDFでダウンロードできるので、小野氏の話を聞くことに専念できる。

また、６時限目の特別支援コーディネーターの講座であれば、「コーディネーター就任前」「就任後」の仕事内容や配慮事項が画面を使ってどんどん話される。この画面をセミナー内で写し取ることはほぼ不可能だろう。

丁寧な画面作りと密度の濃い話がある小野氏の講座だからこそ、動画ランドで見ることをおすすめする。

ただし、動画ランドでは一部カットされる内容もあるので、セミナー参加でしか得られない情報もある。

セミナーはライブを楽しみ、その後動画ランドで学びを深める、そのような活用もよいだろう。

なお、特別支援教育をさらにディープに学びたい方には、「第22回TOSS特別支援教育セミナー」もおすすめだ。

杉山登志郎氏による専門的な話、谷和樹氏や小嶋氏によるアメリカ視察報告などの最先端情報も得られる。

また、検索条件で「特別支援」と検索すれば、他にも魅力的な動画がたくさんヒットする。

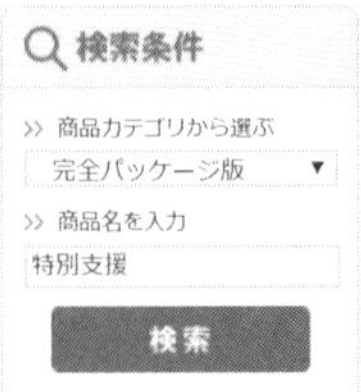

ぜひご覧いただきたい。

（神奈川県横浜市・朝比奈小学校）

TOSSには教育に関する様々な分野のスペシャリストが集う。その中でも多くの教師にニーズの高い「特別支援教育」のスペシャリストと言えば、誰に聞いても小嶋悠紀氏と小野隆行氏の二人を挙げるだろう。今回は小野隆行氏が８月に行った**「小野隆行カレッジ第１回講義」**を取り上げる。

収録されている講座は次のものだ。

1時限目　すべての学級担任が身につけたい特別支援教育の実践スキル
3時限目　これならわかる！ 子どもの特性を知るアセスメントと指導・支援
4時限目　ケースで学ぶ! 保護者とのいい関係づくり
5時限目　怒らない！怒鳴らない！ 校内支援体制のアイデア
6時限目　これで安心！特別支援教育コーディネーターの１年
放課後　一から始める特別支援教育「校内研修」

今さら聞けない！ 特別支援教育Q&A講座（Q&Aは完全版のみの特典）

ざっとタイトルを見ただけで、「特別支援教育で必要な内容が網羅されている」ことが分かる。しかし、それなら他の講座でも同様だ。

小野氏の講座のすごいところは「講座を受けた教師が、どうすれば小野氏の実践を追試できるか」を示しているところだ。

例えば１時限目では「子どもたちへの対応の基本技術10」が示される。一つ一つの技術に対して具体的な説明が入るのはもちろん、**小野氏がどのようにしてその技術を磨いてきたか、どうすればできるようになっていくかが、**講座の中で語られている。

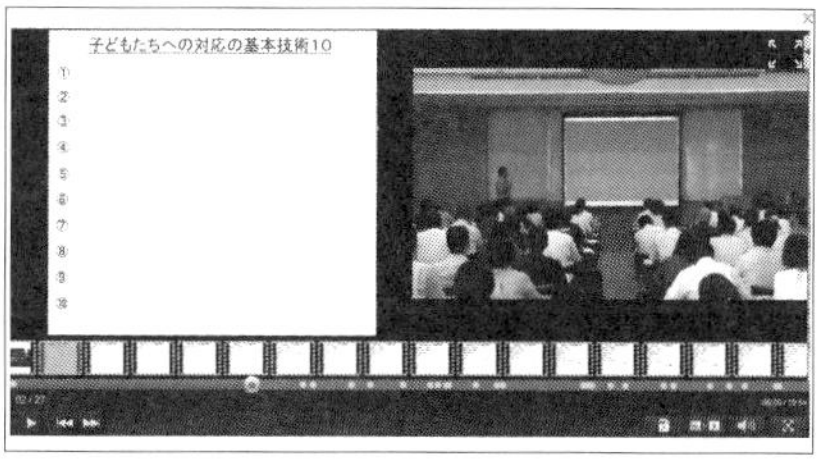

動画ランドでも講座でも、「大事なことは分かったけど、自分に落とし込んでの追試が難しい」という場合があるが、小野氏の講座ならまずそうならないだろう。

さて、「特別支援教育」という分野は世界中で研究されており、その情報は日々更新されている。教師の思い付きや経験則に基づく指導は、もはや全

「各教科ワークテスト」は、教材の一丁目一番地

甲本卓司

ワークテスト（正進社）

「ワークテスト」は、テストではない。「ワーク」である。この概念がわからなければ教材の本当の価値を高めることはできない。

学校で行う「評価」には、二通りの評価がある。

一つ目は、高校入試などに使われる「選別評価」である。定員が百名なら百一番目の子は不合格となり、希望の高校に入れない。これは、「選別評価」である。

もう一つは、「指導評価」である。評価をすればするほど勉強になるというものだ。その子のための評価といえる。どの問題が、できないのか。どの漢字が書けないのかをチェックする。何ができて何ができないのかをみる評価である。だからその評価テストをすればするほど力がつくわけだ。

正進社のテストは、後者だ。小学校で行われるテストは、すべて指導評価のワークテストでよいと考えている。小学校で、選別することはほとんどない。

さて、全国でユースウェアセミナーを開催している。そのとき、次のような質問を受けることがある。

「正進社のテストは、簡単すぎて評価できない」と同僚に言われます。正進社のテストは、易しいのでしょうか。

この質問に似たことを、以前勤めていた学校で私も同僚から言われたことがある。6年生まとめのワークテストで、平均点が94点だったことを算数の支援で入っている先生に告げたときだ。

「先生、問題が簡単なんじゃあないですか。」

さて、同僚からこのように言われたならばどう返すか。

私は、二つのことをした。

一つ目は、各社の「6年生のまとめワークテスト」を手配し、N社とK社のテストをそれぞれ実施した。

N社の平均点は94点。K社の平均点も94点であった。

この事実を支援で入ってくれている同僚の先生に見せた。

これは、どういうことかというと、今まで1年間「正進社のワークテスト」で力をつけている証拠である。正進社のテストが、他者のテストに比べて簡単であるとはいえなかったのだ。

さて、もう一つ大切なことがある。何度も書くが、小学校では「指導評価」である。子ども達が、「できるようになる」ために教えている。子ども達が、「間違うように」は教えていない。

水泳で、クラス全員が25メートルを泳いだとする。評価に困るだろうか。跳び箱は、クラス全員が跳べるように指導している。全員が跳べて評価できないのか。そんなことはない。では、算数のワークテストで、平均点が9割を超える。全員100点で何が困るか。いずれの場合も、教師も子どもも手を叩いて喜ぶような状況になる。

また、6年生の子が中学に進学するとき、小学校のときは算数が得意だったと思って進学するのと、小学校のときから算数は苦手だったと思って進学するのとでは、スタートダッシュが異なる。小学校の算数をできるようにして中学に送る。それが、小学校教師の仕事だ。

学校で行う評価は、「指導評価」なのだ。できるように指導するのが小学校の教師の基本的な考えである。

また、正進社のワークテストは、特別支援の子どもに優しく作られている。たとえば、ワークテストであるが、正進社のHPからダウンロードすれば、ワークテストと同じ問題が、問題ごとに印刷できる。ワークテストもかなりシンプルに作られているが、それでもまだ子どもにとって必要のない情報も入っている。問題だけシンプルに取り出すことができる。通常の学級の子どもも、そのほうが使いやすければそれを印刷して使えばいいのだ。○○だからと決め付けているのは教師なのだ。

子ども達にストレスなくワークテストをしてもらう。ワークテストをすればするほど力がつく。そうしたワークテストを正進社とTOSSとで開発をしている。

そうした視点で教材採択の席で話してほしいと思う。教師は、教材を選ぶプロでなければならない。保護者から集金をし、購入する。どの会社の教材を、どういった視点で選んだのかを保護者に説明しなければならない「説明責任」が生じている。「イラストがかわいい」というのは、説明責任にはならない。

プレテスト

正進社のテストには、プレテストがついている。これが、いい。先日、支援学級の先生が「なかなか似たような問題がないのよ。プレテストがあって助かるわ」と言っていた。プレテストで、忘れているところ、自分が間違いやすいところをもう一度復習ができる。

これも全員ができてほしいという教師の考えである。

（岡山県鏡野町・香々美小学校）

TOSSサークルで一緒に活動してみませんか

TOSS全国サークル案内

全国で躍動するTOSSサークル・法則化サークルに参加してみませんか。一生の仲間に出会える勉強の場です。

久野 歩

どなたでも参加できます。見学だけでも歓迎です。興味のある方は、サークルの代表者にご連絡ください。

※サークル名・代表者名・連絡先・会場・テーマの順に掲載。開催場所が変更されることもありますので、ご注意ください。

北海道
◆**TOSS轍・藤田 明子**
active-30@s8.dion.ne.jp・苫小牧市民活動センター・模擬授業、レポート検討、読み合わせなど
◆**法則化一歩・五十嵐 貴弘**
igarashi.takahiro@toss2.com・別海町役場西春別地域センターみらい館・模擬授業、レポート検討

宮城県
◆**TOSS体育サークル杜の都・太田 健二**
ohta.kenji@toss2.com・仙台市泉区中央市民センター・模擬授業、レポート検討など

山形県
◆**TOSS山形・笹原 大輔**
daisasa.s5238@cpost.plala.or.jp・フローラ寒河江・模擬授業、レポート検討など

福島県
◆**法則化サークルあしたば・夏井 圭太郎**
natsui.keitaro@toss2.com・会津若松市北公民館・模擬授業、レポート検討

新潟県
◆**TOSSソレイユ・本田 修**
osamushi@joetsu.ne.jp・上越教育プラザ等・模擬授業、レポート検討、読書会（向山先生著作の読み合わせ）、お悩み相談

石川県
◆**TOSS SUNRISE・石坂 陽**
ishizaka-a@trad.ocn.ne.jp・津幡町井上コミュニティプラザ・模擬授業、レポート、ミニ講座など

福井県
◆**TOSS越前・上木 信弘**
IZB02101@nifty.ne.jp・越前市岡本公民館・模擬授業、レポート検討、酒井式についての研究など

茨城県
◆**法則化サークルーIwan・岡田 健太郎**
okada.kentaro@toss2.com・茨城県取手市公民館・模擬授業

栃木県
◆**TOSS DREAM・田崎 博之**
me011008@hotmail.com・宇都宮市東市民活動センター・模擬授業、お悩み相談など

群馬県
◆**TOSS CHANCE・松島 博昭**
matsushima.hiroaki@toss2.com・大泉町公民館・授業力向上

埼玉県
◆**埼玉県向山型国語研究会・竹岡 正和**
tama-kanta@i.softbank.jp・大宮駅西口にあるシーノ大宮・模擬授業、お悩み相談など

千葉県
◆**TOSSあやめ・小松 和重**
k.kazu@topaz.ocn.ne.jp・千葉県成田市・もりんぴあこうづ・読み合わせ、実践報告、模擬授業、食事会

東京都
◆**TOSS武蔵野・山田 仁**
jinjinjinjin0601@gmail.com・池袋駅周辺・模擬授業、学級経営相談、レポート検討

神奈川県
◆**若手サークル　ガラパゴス・村上 諒**
murakami182003@yahoo.co.jp・かながわ県民センター・模擬授業、新学習指導要領読み込み、若手の実践の蓄積
◆**TOSS川崎教育サークル・田丸 義明**
tamaru.yoshiaki@toss2.com・中原市民館（武蔵小杉駅）・教科書の授業の仕方、国語の授業、特別支援関係など

山梨県
◆**法則化明日・渡辺 大祐**
watanabe.daisuke@toss2.com・若草生涯学習センター・主に中学校国語、英語、道徳、学級経営

長野県
◆**TOSS平成白樺・高見澤 信介**
takamisaw@yahoo.co.jp・松本市城東公民館、あがたの森文化会館・模擬授業など

静岡県
◆**法則化サークル専心・中島 康**
nakajima.yasushi@toss2.com・三島市民活動センター・模擬授業、学級通信検討等

岐阜県
◆**TOSS岐阜サッキマス・小井戸 政宏**
koido.masahiro@toss2.com・岐阜市島公民館・模擬授業、レポート検討など

愛知県
◆**TOSS／Lumpier・堂前 直人**
naoto.7010@hotmail.co.jp・名古屋市西区鳥見町・模擬授業、映像検討など

三重県
◆**TOSS中学／三重アイリス・進士 かおり**
kaori-shinji@mtc.biglobe.ne.jp・いなべ市内公立中学校・模擬授業、情報交換など

滋賀県
◆**法則化Runway・東郷 晃**
togo.akira@toss2.com・守山市民ホール・模擬授業、レポート検討など

奈良県
◆**法則化やまのべ・田中 直行**
chokkou@gmail.com・天理市民会館・模擬授業、授業VTR視聴、向山氏の本の輪読など

大阪府
◆**TOSS大阪舞夢・勇 和代**
k-isami@rinku.zaq.ne.jp・大阪府泉佐野市生涯学習センター・模擬授業、授業や学級経営の悩み相談など

京都府
◆**TOSSいちばん星・越智 敏洋**
ochi.toshihiro@toss2.com・伏見区役所・模擬授業、資料検討、悩み相談など

兵庫県
◆**法則化中学／緑音・大鳥 真由香**
ohtori.mayuka@toss2.com・神戸市内公共施設・模擬授業、レポート検討、情報交換
◆**TOSS春風・溝端 達也**
mizohata.tatsuya@toss2.com・明石市立生涯学習センター・ライセンス、その場模擬授業

島根県
◆**TOSS魂誠・中川 貴如**
taka-n6@crux.ocn.ne.jp・浜田市総合福祉センター・模擬授業、学級経営相談など

鳥取県
◆**法則化縁・浦木 秀徳**
urakimiho@hi.enjoy.ne.jp・境港市夢みなとタワー・模擬授業、セミナー参加報告など

広島県
◆**法則化GUTS・今井 豊**
shuuhei31@gmail.com・三原市中之町上公民館・模擬授業、レポート検討

山口県
◆**TOSS／Advance・河田 孝文**
hayashitakeadvance@gmail.com・下関市小月公民館・模擬授業、教科書の教え方

香川県
◆**MAKアイランド・大恵 信昭**
ooen@niji.or.jp・高松市内 or 丸亀市内・模擬授業、特別支援教育、レポート検討等

徳島県
◆**TOSS徳島／法則化Passionate・野網 佐恵美**
noami.s1@viola.ocn.ne.jp・とくしま活動県民プラザ・模擬授業、レポート検討、社会貢献活動等

高知県
◆**TOSS南国港free・way・藤崎 富実子**
fujisaki.fumiko@toss2.com・高知県教科研究センター・模擬授業、レポート検討など

愛媛県
◆**TOSSイレギュラー・信藤 明秀**
akirika9952@gmail.com・宇和島市三間町隣保館・模擬授業、レポート検討など

福岡県
◆**TOSS勢い水・岩田 秀雄**
iwatah@ma8.seikyou.ne.jp・福岡市東区八田公民館・模擬授業

佐賀県
◆**TOSS佐賀・山下 健太**
kemayan4@yahoo.co.jp・佐賀商工ビル・模擬授業、レポート検討、QA

長崎県
◆**TOSS長崎・香焼サークル・末光 秀昭**
xlr-suemitsu@nifty.com・長崎出島交流会館4階・学級経営、特別支援教育、英会話指導等

熊本県
◆**法則化泰山木・守田 のぞみ**
nozopi@isis.ocn.ne.jp・宇城市松橋公民館・模擬授業、レポート検討など

大分県
◆**法則化日出・吉本 研二**
jinke@themis.ocn.ne.jp・日出健康福祉センター・日々の実践を交流、悩み相談、レポートや指導案の検討など

沖縄県
◆**TOSS BEATサークル・金城 貴裕**
rohikata0210@gmail.com・浦添市内公立小学校・模擬授業（音楽）、レポート検討

向山洋一のデビュー作『斎藤喜博を追って』（昌平社）の改訂版『教師修業十年』（明治図書出版）の全編を見直し、大幅な加筆訂正をした決定版！

向山洋一教育新書シリーズ　全18巻完結記念出版

向山の教師修業十年

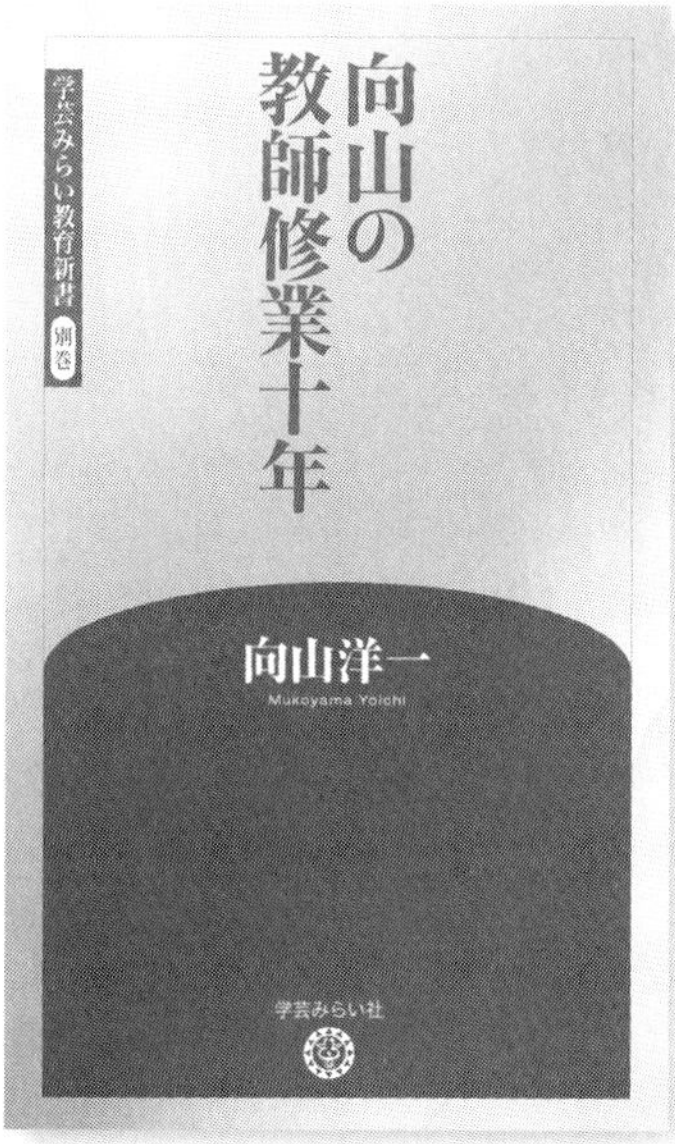

日本のすべての教師に勇気と自信を与え続ける永遠の名著

大学を出たばかりの新任の教師が目指したプロの教師とは？
そうなるために経たプロセスは？
教師にできること、
教師がやらなければならないことを、
実践を通して語る。
悩む教師、向上をめざす教師、
そして子供を愛する教師必読の一書！

向山洋一　著

新書判ソフトカバー　320ページ
定価：本体1800円＋税
ISBN978-4-908637-40-7 C3237

向山洋一（むこうやま よういち）
東京都生まれ。68年東京学芸大学卒業後、大田区立小学校に教師として赴任、2000年3月退職。現在、TOSS代表を務め、日本の教育界に多大な影響を与えている。日本教育技術学会会長。

本書の内容

まえがき／改訂のはしがき／原著のはしがき
第一章　向山教室の授業実践記
1 教師と技術(1)斎藤喜博を追って(2)「日曜だけが好き」だった子(3)「台形の面積を五通りの方法で出しなさい」／2 教師と問題児(1)天井裏から音が返った——登校拒否(2)「ぼく死にたいんだ」——情緒障害／3 教師と修行(1)放課後の孤独な作業(2)新卒時代の日記(3)子供に自由と平等を！／4 教師と仕事(1)王貞治さんへ(2)「しんどい」とは人様が言うことだ(3)悪人ではないが鈍感すぎる(4)楽しい日は一日もなかった——子供の日記／5 教師と交信(1)てふてふが一匹韃靼海峡を渡って行った(2)ある父親の投稿とその返信／6 教師と仲間(1)東京の片隅の小さな研究会(2)サークルの仲間への手紙〈付録〉六年一組学級経営案
第二章　今その道をさらに
「実践記」の主張・その発展
原著の少し長いあとがき／解説

♣子どもは論理的な生き物だ

先日、少し年長の友人と話をしていて、なるほどなと唸らされる話があった。

彼の息子さんがまだ幼い頃のこと。

翌日がクリスマスで、その子はサンタさんがやってくるのが楽しみで楽しみで仕方が無く、いつまで経っても眠らない。研究者である友人は、翌日締め切りの原稿を抱えていた。何とか眠らせなければ……。

興奮する子どもに彼は、「ちゃんと眠らないとサンタさんは来ないんだよ」と。するとその子は、「そうか、起きて待ってるとダメなんだね」と納得。まもなくスヤスヤと……。

ここから次のように結論するのは無理があるかもしれないが、子どもはとても論理的だ。大げさに言えば、子どもの内在的な論理をつかみ、それに沿った対応をすることが、子どもに向き合う大人の側には必要だ。

ＴＯＳＳの先生方の30余年にわたる優れた教育技術の研究と実践、その成果と粋を集めた全6巻のシリーズ企画を進行中です。２０１８年春に一挙刊行予定。ご期待ください！

（小島）

♣つねる・足を踏む闘争

○…「その頃の僕は。足を踏まれたり、脇腹をつねられたりしていた……」

「え、まさか。いくら闘争中とはいえ、相手は、教師でしょ」

「テレビで放映されても、見えない作戦を展開してた訳よ」

――昭和の昔、学力テスト反対で日教組が大闘争中に矢面にたっていた、文部省の方からお聞きした話です。

今回の選挙で、小泉進次郎氏が、「親の七光りだとして、足踏まれをイヤというほど体験させられた」と聞き、こういう作戦がまだ活用されているなんて、ビックリしました。

そういえば、道徳教育も大反対闘争が盛んだった時代があったので、今回の道徳ブームに、何か隔世の感――と思いきや。「教出」が採択妨害の被害にあったようで、相変わらず、「自分の正義だけを押しつける不寛容の姿勢」は続いている模様です。ちなみに、道徳教科書の発行総数は８６７万冊。今時、これだけの数を返品リスクなしでゲット出来る商品？は他にはめったにないというわけで、不道徳な活動が加熱したようです。

ちなみに、採択数が多いのが東書・日文で21・３％。組織的な不採用運動の被害にあった教出は、８・６％でした。

（樋口）

♣道徳について考えました

今回の特集の原稿を読ませていただきながら、道徳ってなんだろうかと考えました。

その結果、人間らしく生きるために必要なことではないだろうかとの結論に現時点では達しています。

人間らしさとは、生物個体としての部分がありますが、道徳の領域は他者とともに生きる場面で重要です。

他者との関係性はとても複雑で、一様の対応では成り立ちません。それをどうするかなのですが、まずは多様な人々や事象が存在することを知り、理解し、問題が発生した場合は、双方が協調できるところまで話し合う姿勢を保つことが必要なのだと感じています。

「常識」と呼ばれる（呼ぶ）ものは個々で差があるのにもかかわらず（つまり、絶対的な常識はないということ）、日常ではよく聞かれる表現です。この不安定な常識をもって、正当性を語るのは無理がありますね。

他者の尊重こそ、自身の尊厳を保つ姿勢なのではないかと感じています。

（佐藤）

編集室から　校正朱筆がハタと止まった時

♡道徳って面白い！

本特集で河田孝文先生がお書き下さった「星野君の二るい打」の話は、先日の教育技術学会の道徳の分科会でも同先生が紹介され、会場は活発な討論で大いに盛り上がった。打撃不振の星野君は監督からバントを指示されるが、ピッチャーが投げた球は彼の得意な高めの球。振り切って二塁打となりチームは勝利。が、監督の指示にそむいたことをチームとしてどう考えるか？

分科会のあと、この問いはしばらく私のアタマを離れなかった。私はどう考えるだろう。そしてもし私が星野君だったら、どう感じただろう。ふと思ったのは星野君が積んできたトレーニングのことだった。監督の指示があるなか、一瞬で迫ってくる球に即座に反応し、見事に二塁打にできたのは彼のトレーニングの賜物ではなかったか。

道徳は人間相互の大事な約束事だ。同時に幼い体と心で日々日々、新たな経験をし、成長してゆく子どもの自在さを大切に肯定したい。人として生き抜いていくための地頭の強さを育てる道徳の授業は大人でも思わず熱くなる。面白い！

（小島）

♡ごはん・やさい

○…「白抜きって何ですか」と聞かれ、業界用語だと再認識。で、本つくり用語の受け売り話を披露すると〜。

①ページ→業界用語でノンブルといいます。フランス語由来だという話もありますが、確かなところは不明なようです。

②柱→本の章タイトルなどを表す小活字です。柱なのに、何で横倒しなのか。境田稔信氏によると、和本では縦に入っていた名称が、洋本スタイルでも柱という名称が残ったのだとか。

ちなみに、境田氏は、6000冊の辞書を所有するプロ中のプロ校正者。小社でも時々、校正をお願いしている〝まぶしい存在〟。

③ほかにも、知っていて損はない？　うんちく語は〜。

・表1、表4って何？
・ノド、小口って？
・トビラって？
・隠しノンブルって？

○…若い人の間での話。「謝罪をしながら、自尊感情を維持するためのワード」として、「ごはん・やさい」という言葉を上手にいうと、「ごめんなさい」に聞こえるから、メンタルキープで活用している人もいるとか。ま、私がモグモグしても、「ごめんなさい」には、到底、聞こえない〜けど。

このネタ、道徳授業で取りあげると盛り上がる―かな？

（樋口）

♡道徳テスト

通常の教科には、検定教科書、数値による成績評価、教科に対応した教員免許が必要となりますが、道徳の教科化においては、成績評価や独自の教員免許はなじまないとされ、検定教科書だけが用いられることになったそうですが、ふと以前の新聞記事を思い出しました。

それはある業者が子どもの道徳心を検査するためのテストを作成し、三八万人もを対象に実施されていたということでした。

この会社のコメントによると、『子どもの到達水準を知りたいという現場教師の要望」からの制作だとのことですが、今回は数値での評価をしないということなので、ひと安心というところでしょうか。

YouTubeに上がっている、ある日本の学校の様子が海外で大きな反響を呼んでいるそうです。小学校の先生が、子ども達に人を思いやる大切さを教える内容ですが、その中で子どもが成長するのが感じられるのです。固く閉ざされた心を開くのは、北風ではなく太陽ですね。

（佐藤）

編集後記

担任時代の私は、指導要領記載の内容のみならず、生徒と共に過ごす過程で抱いた問題意識をもとに授業することが多かった。

日常生活で個々の道徳的実践力をアセスメントし、「こうあってほしい」「このように行動してほしい」と願う点を整理し、優先順位をつけて授業で扱うようにしていたのである。

週一時間という物理的な壁がある。この方法でいくと内容項目の扱いに軽重が出るのは致し方ない。バランスを過度に尊重するあまり、生徒の実態にそぐわない授業を形式的にこなしていくよりは数倍良いと考えた。

授業の最後には必ず感想を書かせた。ノート一、二ページである。感想には生徒個々の「理想の行動」が綴られることが多い。

「私もまた、○○さんのように差別と闘っていきたい」

「夢が実現するまで努力を続ける」

「今まで以上に、自分以外のもののために働いていく」

――のような決意が示される。その決意を行動に移している生徒を、日々、朝・帰りの会や学級通信、保護者への手紙などで褒めるのである。

行動する生徒は魅力的になっていく。その事実を見た周りが憧れて行動を始める。こうして行動の輪が広がっていく。

ある項目を授業した後は生徒の日常を観察し、言動の変容を見る。それで足りなければ時をおいてまた別の題材で授業する。その積み重ねで一年が終わる。道徳の授業はあくまでも「素材の一つ」である。日常のほんのちょっとした時間や行事等の活動の中で、道徳の指導をしているのが現実である。

生徒が綴った感想に対し、学びを自覚させるためのコメントを書き、後は日常生活を観察する。本人の意識の高まりが見えた場面や、できなかった行動ができた場面で声をかけ、褒める。その営みによって生徒は向上的に変容していく。教師の根気が試されている。

（長谷川博之）

学芸みらい社営業だより

２０１７年８月より学芸みらい社で働かせていただくことになりました営業部の佐藤と申します。前職も出版社で、新卒以来ずっと出版業界に従事してまいりました。

私は営業ですので日頃、各書店へ訪問し弊社の本をできるだけ置いてもらえるように働きかけています。

訪問している書店は一都三県を中心に山手線沿線の大型書店と、中央線、埼京線、京浜東北線、総武線、東海道線などの沿線の書店です。今後、地方都市へも営業していこうと考えています。

品揃えの良い書店も多くありますが、まだまだ手を入れられる書店もたくさんあると思います。もし「この店に学芸みらい社の本があれば必ず買う」といった書店がございましたら、ぜひご一報いただければと存じます。

精一杯頑張りますので、何卒よろしくお願いいたします。

（佐藤　学）

「教室ツーウェイNEXT」6号

二〇一八年一月三十一日　初版発行

編集　TOSS中央事務局＝向山洋一・谷和樹・長谷川博之・桜木泰自
青年事務局＝戸村隆之・久野歩・西尾豊・橋本信介

発行者　小島直人
発行所　株式会社学芸みらい社
〒一六二－〇八三三
東京都新宿区箪笥町三一番
箪笥町SKビル三階
電　話：〇三－五二二七－一二六六
ファックス：〇三－五二二七－一二六七
HP　：http://www.gakugeimirai.jp
E-mail　：info@gakugeimirai.jp

印刷・製本　藤原印刷株式会社
組版・本文デザイン　エディプレッション
カバー作品　井手本美紀

ISBN978-4-908637-60-5 C3037

教室ツーウェイNEXT 7号　次号予告
2018年春刊行予定
特集：教科書の完全攻略――使い倒し授業の定石64

1　教科書の構造が見えている教師はここが違う

2　教科書解体新書＝どんな仕掛けで出来ているか
　　機能・役割ごとの基本＋AL発想の活用ヒント

3　エース登板！　教科書攻略・使い倒しヒント
教科で育てる資質・能力→教科書のどこに隠れている？
①スター教師発＝国語教科書使い倒し・攻略ヒント
②スター教師発＝社会科教科書使い倒し・攻略ヒント
③スター教師発＝算数教科書使い倒し・攻略ヒント
④スター教師発＝理科教科書使い倒し・攻略ヒント
⑤スター教師発＝音楽教科書使い倒し・攻略ヒント
⑥スター教師発＝図工教科書使い倒し・攻略ヒント
⑦スター教師発＝体育(保健)教科書使い倒し・攻略ヒント
⑧スター教師発＝家庭科教科書使い倒し・攻略ヒント
⑨スター教師発＝道徳教科書使い倒し・攻略ヒント
⑩スター教師発＝英語教科書使い倒し・攻略ヒント

4　教科書利活用のノウハウ→若手のQに達人が答える
①どの教科も音読した方がいいのでしょうか
②音読で教師の範読は必至条件
③新しい言葉・用語との出あわせ方
④学習の見通しを持たせるアイデア
⑤難語句はいつどう扱うか
⑥学習課題を見つけるヒント
⑦机に教科書を出さない子への対応
⑧教科書話型の指導ヒント
⑨文章と資料（図・写真等）を関係づけるアイデア
⑩学習の振り返りで何をチェックするか
⑪教科書からの抜き書きーベターな方法
⑫教科書と板書の関係をどう考えるか
⑬学習問題が浮上する教科書分析の方法

5　AL的授業づくりのための教科書攻略法
①教科書を使ったクロスワードづくり
②教科書のキャラ活用のヒント
③教科書とワークをリンクさせる方法
④教科書にゲーム性を持たせるヒント
⑤教科書を使った面白クイズづくり

6　目からウロコ！　教科書利活用のヒント
①教科書から答えを探させる授業の組み立て方
②教科書は絶対正しい！子どもの考えの揺さぶり方
③教科書から「問いと答え」を探す方法
④教科書の重要語句を探させる授業
⑤子どもの学習活動評価へのリアクション法
⑥グループ活動に向く題材と活動とは
⑦ノート作業の入れ方―アイデア
⑧学習課題づくりのアイデア
⑨振り返り学習のアイデア
⑩教科書利活用の学習習慣づくり

7　教科書を10倍利活用！　子どもに渡す練習メニュー
①音読の練習メニュー・効果のある方法とは
②対話・話し合いの練習メニュー・効果のある方法とは
③発表の練習メニュー・効果のある方法とは
④ノートの使い方の練習メニュー・効果のある方法とは
⑤参考書の活用の練習メニュー・効果のある方法とは
⑥学習課題探しの練習メニュー・効果のある方法とは
⑦キーワード探しの練習メニュー・効果のある方法とは
⑧話す・聞く力の練習メニュー・効果のある方法とは
⑨日記を書く習慣づくりの練習メニュー・効果のある方法とは
⑩調べ学習の練習メニュー・効果のある方法とは

8　リアル再現！　向山型授業のディープラーニング
①教科書活用・向山型国語の定石はこうだ！
②教科書活用・向山型算数の定石はこうだ！
③教科書活用・向山型社会の定石はこうだ！
④教科書活用・向山型理科の定石はこうだ！
⑤教科書活用・向山型英語の定石はこうだ！

ミニ特集　クラッシャー教師の危険
――傾向と対策

1　クラッシャー上司
――平気で部下を追いつめる人たち
2　クラッシャー人のメンタル的な特徴と対応ポイント
――自己愛・パーソナリティ障害とは
3　クラッシャー教師の危険
――指導死を引き起こすメンタル
4　クラッシャー教師の危険
――学校現場でどう現れるか
5　もしかして「クラッシャー教師？」
――ここをセルフチェック

小学校教師のスキルシェアリング
そしてシステムシェアリング
―初心者からベテランまで―

授業の新法則化シリーズ
＜全28冊＞

企画・総監修／向山洋一 日本教育技術学会会長 TOSS代表

編集 執筆 **TOSS授業の新法則** 編集・執筆委員会

発行：学芸みらい社

1984年「教育技術の法則化運動」が立ち上がり、日本の教育界に「衝撃」を与えた。そして 20年の時が流れ、法則化から TOSS になった。誕生の時に掲げた4つの理念は TOSSになった今でも変わらない。

1. 教育技術はさまざまである。出来るだけ多くの方法を取り上げる。（多様性の原則）
2. 完成された教育技術は存在しない。常に検討・修正の対象とされる。（連続性の原則）
3. 主張は教材・発問・指示・留意点・結果を明示した記録を根拠とする。（実証性の原則）
4. 多くの技術から、自分の学級に適した方法を選択するのは教師自身である。（主体性の原則）

そして十余年。TOSS は「スキルシェア」の SS に加え、「システムシェア」の SS の教育へ方向を定めた。これまでの蓄積された情報を TOSS の精鋭たちによって、発刊されたのが「新法則化シリーズ」である。

日々の授業に役立ち、今の時代に求められる教師の仕事の仕方や情報が満載である。ビジュアルにこだわり、読みやすい。一人でも多くの教師の手元に届き、目の前の子ども達が生き生きと学習する授業づくりを期待している。

（日本教育技術学会会長　TOSS代表　向山洋一）

学芸を未来に伝える
学芸みらい社
GAKUGEI MIRAISHA
株式会社 学芸みらい社（担当：横山）
〒162-0833 東京都新宿区簞笥町31 簞笥町SKビル3F
TEL:03-6265-0109（営業直通） FAX:03-5227-1267
http://www.gakugeimirai.jp/
e-mail:info@gakugeimirai.jp

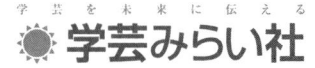

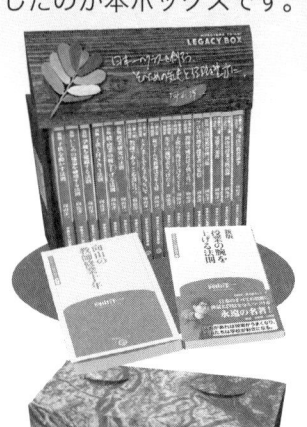

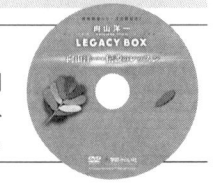

学芸みらい社　既刊のご案内　〈教科・学校・学級シリーズ〉

※価格はすべて本体価格（税別）です。

書　名	著者・編者・監修者ほか	価　格
学級づくり／学力づくり		
中学校を「荒れ」から立て直す！	長谷川博之	2,000円
生徒に『私はできる！』と思わせる超・積極的指導法	長谷川博之	2,000円
中学の学級開き――黄金のスタートを切る３日間の準備ネタ	長谷川博之	2,000円
“黄金の１週間”でつくる学級システム化小辞典	甲本卓司	2,000円
若手教師のための主任マニュアル	渡辺喜男・TOSS横浜	2,000円
小学校発ふるさと再生プロジェクト――子ども観光大使の育て方	松崎　力	1,800円
アクティブな授業をつくる新しい知的生産技術	太田政男・向山洋一・谷　和樹	2,000円
教師修業――フレッシュ先生のための「はじめて事典」	向山洋一・木村重夫	2,000円
まんがで知る授業の法則	向山洋一・前田康裕	1,800円
めっちゃ楽しい校内研修――模擬授業で手に入る“黄金の指導力”	谷　和樹・岩切洋一・やばた教育研究会	2,000円
みるみる子どもが変化する『プロ教師が使いこなす指導技術』	谷　和樹	2,000円
教員採用試験パーフェクトガイド「合格への道」	岸上隆文・三浦一心	1,800円
教員採用試験パーフェクトガイド 面接編 DVD付	岸上隆文・三浦一心	2,200円
そこが知りたい！“若い教師の悩み”向山が答えるQA集１――授業づくり“よくある失敗”175例～勉強好きにする改善ヒント～	星野裕二・向山洋一	2,000円
そこが知りたい！“若い教師の悩み”向山が答えるQA集２――学級づくり“よくある失敗”113例～勉強好きにする改善ヒント～	星野裕二・向山洋一	2,100円
特別支援教育		
ドクターと教室をつなぐ医教連携の効果　第１巻――医師と教師が発達障害の子どもたちを変化させた	宮尾益知・向山洋一・谷　和樹	2,000円
ドクターと教室をつなぐ医教連携の効果　第２巻――医師と教師が発達障害の子どもたちを変化させた	宮尾益知・向山洋一・谷　和樹	2,000円
ドクターと教室をつなぐ医教連携の効果　第３巻――発達障害の子どもたちを支える医教連携の「チーム学校」　「症例別」実践指導	宮尾益知・向山洋一・谷　和樹	2,000円
トラブルをドラマに変えてゆく教師の仕事術――発達障がいの子がいるから素晴らしいクラスができる！	小野隆行	2,000円
トラブルをドラマに変えてゆく教師の仕事術――特別支援教育が変わるもう一歩の詰め	小野隆行	2,000円
トラブルをドラマに変えてゆく教師の仕事術――喧嘩・荒れ とっておきの学級トラブル対処法	小野隆行	2,000円
トラブルをドラマに変えてゆく教師の仕事術――新指導要領に対応した特別支援教育で学校が変わる！	小野隆行	2,000円
特別支援の必要な子に役立つかんたん教材づくり㉙	武井　恒	2,300円
国語		
国語有名物語教材の教材研究と研究授業の組み立て方〔低・中学年/詩文編〕	向山洋一・平松孝治郎	2,000円
国語有名物語教材の教材研究と研究授業の組み立て方	向山洋一・平松孝治郎	2,000円
国語テストの“答え方”指導――基本パターン学習で成績UP	遠藤真理子・向山洋一	2,000円
子どもが論理的に考える！――“楽しい国語”授業の法則	向山洋一	2,000円
先生も生徒も驚く日本の「伝統・文化」再発見	松藤　司	2,000円
先生も生徒も驚く日本の「伝統・文化」再発見２ 行事と祭りに託した日本人の願い	松藤　司	2,000円
先生と子どもたちの学校俳句歳時記	星野高士・仁平　勝・石田郷子	2,500円
子どもが一瞬で書き出す！“４コマまんが”作文マジック	村野　聡	2,100円
学テ国語Ｂ問題――答え方スキルを育てる授業の布石	椿原正和	2,000円
算数・数学		
数学で社会／自然と遊ぶ本 日本数学検定協会	中村　力	1,500円
早期教育・特別支援教育　本能式計算法――計算が「楽しく」「速く」できるワーク	大江浩光・押谷由夫	2,000円
学テ算数Ｂ問題――答え方スキルを育てる授業の布石	河田孝文	2,000円

社会		
子どもを社会科好きにする授業	谷　和樹	2,000円
中学社会科“アクティブ・ラーニング発問”――わくわくドキドキ地理・歴史・公民の難単元攻略ポイント	峯　明秀	2,000円
アクティブ・ラーニングでつくる新しい社会科授業――ニュー学習活動・全単元一覧	北　俊夫・向山行雄	2,000円
教師と生徒でつくるアクティブ学習技術――「TOSSメモ」の活用で社会科授業が変わる！	向山洋一・谷　和樹・赤阪　勝	1,800円
クイズ主権者教育――ウッソー？ホント！　楽しい教材71	河原和之	2,000円
新社会科討論の授業づくり――思考・理解が深まるテーマ100選	北　俊夫	2,000円
有田式“発問・板書”が身につく！　社会科指導案の書き方入門	沼澤清一	2,000円
新中学社会の定期テスト――地理・歴史・公民 全単元の作問技法&評価ポイント	峯　明秀	2,100円
理科		
子どもが理科に夢中になる授業	小森栄治	2,000円
簡単・きれい・感動!!――10歳までのかがくあそび	小森栄治	2200円
英語		
教室に魔法をかける！　英語ディベートの指導法―英語アクティブラーニング	加藤　心	2,000円
音楽		
子どもノリノリ歌唱授業――音楽+身体表現で“歌遊び”68選	飯田清美	2,200円
図画・美術		
丸わかりDVD付！　酒井式描画指導の全手順・全スキル（絵画指導は酒井式　パーフェクトガイド）	酒井臣吾・根本正雄	2,900円
酒井式描画指導法――新シナリオ、新技術、新指導法（絵画指導は酒井式で！パーフェクトガイド）	酒井臣吾	3,400円
ドーンと入賞！“物語文の感想画”――描き方指導の裏ワザ20	河田孝文	2,200円
どの子も図工大好き！――酒井式“絵の授業”よういスタート！ここまで描けるシナリオ集	寺田真紀子・酒井臣吾	2,200円
酒井式描画指導で“パッと明るい学級づくり”１巻――低学年が描くイベント・行事＝親が感動する傑作！題材30選	酒井臣吾・神谷祐子	2,200円
酒井式描画指導で“パッと明るい学級づくり”２巻――中学年が描くイベント・行事＝描けた！達成感ある傑作！題材30選	酒井臣吾・上木信弘	2,200円
酒井式描画指導で“パッと明るい学級づくり”３巻――高学年が描くイベント・行事＝学校中で話題の傑作！題材30選	酒井臣吾・片倉信儀	2,200円
体育		
子供の命を守る泳力を保証する――先生と親の万能型水泳指導プログラム	鈴木智光	2,000円
運動会企画――アクティブ・ラーニング発想を入れた面白カタログ事典	根本正雄	2,200円
全員達成！　魔法の立ち幅跳び――「探偵！ナイトスクープ」のドラマ再現	根本正雄	2,000円
世界に通用する伝統文化――体育指導技術	根本正雄	1,900円
発達障害児を救う体育指導―激変！感覚統合スキル95	根本正雄・小野隆行	2,300円
道徳		
子どもの心をわしづかみにする「教科としての道徳授業」の創り方	向山洋一・河田孝文	2,000円
「偉人を育てた親子の絆」に学ぶ道徳授業 <読み物・授業展開案付き>	松藤　司＆チーム松藤	2,000円
あなたが道徳授業を変える	櫻井宏尚・服部敬一・心の教育研究会	1,500円
中学生にジーンと響く道徳話100選――道徳力を引き出す“名言逸話”活用授業	長谷川博之	2,000円
教室ツーウェイNEXT		
教室ツーウェイNEXT創刊記念１号――特集：アクティブ・ラーニング先取り体験！	教室ツーウェイNEXT編集プロジェクト	1,500円
教室ツーウェイNEXT創刊２号――特集：非認知能力で激変！子どもの学習態度50例	教室ツーウェイNEXT編集プロジェクト	1,500円
教室ツーウェイNEXT ３号――特集：新指導要領のキーワード100	教室ツーウェイNEXT編集プロジェクト	1,500円
教室ツーウェイNEXT ４号――特集：“合理的配慮”ある年間プラン&教室レイアウト63例	教室ツーウェイNEXT編集プロジェクト	1,500円
教室ツーウェイNEXT ５号――特集：“学習困難さ状態”変化が起こる授業支援60	教室ツーウェイNEXT編集プロジェクト	1,500円